7176

NOTICE

DES

ACCROISSEMENS

DE LA

BIBLIOTHÈQUE

DE LA

VILLE DE GRENOBLE,

PENDANT L'ANNÉE 1808.

GRENOBLE.

J. H. PEYRONARD, Imprimeur.

Février 1809.

A MONSIEUR RENAULDON,

Maire de la Ville de Grenoble, membre de la Légion-d'Honneur, président de l'Académie de Grenoble, etc.

Monsieur le Maire,

EN ayant l'honneur de mettre sous vos yeux l'état des Accroissemens de la Bibliothèque de Grenoble, pendant l'année 1808, je n'aurai point l'avantage de vous présenter des résultats qui vous soient inconnus. Votre constante sollicitude et votre zèle éclairé pour un Établissement dont s'honore la Ville que vous administrez, rendent superflues pour vous les indications que contient cette Notice. Mais vous avez bien voulu m'adjoindre au respectable M. Dubois-Fontanelle, pour la conservation du riche dépôt consacré par nos Ancêtres aux Sciences, aux Lettres et aux Arts; votre suffrage m'a fait acquérir un Ami bien cher à mon cœur : combien ne vous dois-je pas de reconnaissance, et par combien de zèle et de dévoûment pourrai-je vous la témoigner ! Je m'estimerai heureux si vous recevez cette Notice comme une preuve de l'un et de l'autre, et si vous agréez l'assurance de mes sentimens respectueux.

Grenoble, le 1.ᵉʳ
Février 1809.

J.-J. CHAMPOLLION-FIGEAC,
*Secrétaire de l'Académie de Grenoble,
Correspondant de celle de Dijon, etc.*

BIBLIOTHÈQUE PUBLIQUE

DE LA VILLE DE GRENOBLE.

ÉTAT *de la Bibliothèque pendant l'année* 1808.

CETTE Notice, publiée pour la première fois, a pour but principal de faire connaître les noms des Amis des Sciences et des Lettres qui, par leurs libéralités, ont contribué à l'accroissement de la Bibliothèque de la ville de Grenoble. Il est juste de faire connaître au Public tout l'intérêt qu'ils ont pris à un établissement qui, depuis 36 ans, contribue d'une manière si efficace à répandre l'instruction, à faciliter les bonnes études, et à soutenir le goût des connaissances utiles parmi les personnes qui le fréquentent.

La liste des Dons est suivie de celle des Acquisitions et de l'indication des travaux intérieurs qui ont eu lieu pendant la même année 1808. La nature des objets à déterminé les diverses divisions de cette Notice dans l'ordre suivant : Livres, Manuscrits,

Cartes, Journaux, Antiquités, Sculptures, Zoologie, Ornithologie, Minéralogie, Machines, Travaux intérieurs, etc.

Chaque année une semblable Notice sera publiée et adressée spécialement aux personnes qui auront fait quelque don à la Bibliothèque. Par là, elle servira en même tems à faire connaître les titres de ces personnes à la reconnaissance publique, et à constater les augmentations successives de ce vaste dépôt des productions de l'esprit humain.

Nous croyons utile d'ajouter que la Note des Dons faits à la Bibliothèque, extraite du registre tenu par le Bibliothécaire, est insérée mois par mois dans le Journal de Grenoble.

(*N. B.* Les Articles sont numérotés selon l'ordre de leur inscription sur le Registre, déterminé par l'époque où ils ont été reçus par le Bibliothécaire.)

DONS.

N.º I. — *STÉNOGRAPHIE Musicale, ou Manière abrégée d'écrire la Musique, à l'usage des Compositeurs et des Imprimeries;* par P. J. LASALETTE, *ancien Général de Brigade-Inspecteur d'Artillerie, Membre de l'Académie de Grenoble.* Paris, Goujon, 1805, in-8.º — Donné par l'auteur.

L'ÉDITION de cet ouvrage, fruit des recherches et des nombreuses expériences d'un de nos plus estimables compatriotes, porte l'indication de *Paris, Goujon* 1805. Mais nous devons dire qu'il a été imprimé à Grenoble, par *M. Peyronard*, et qu'il est une preuve de ses connaissances typographiques, puisqu'avec les ressources ordinaires, il a représenté avec succès les nouveaux signes sténographiques. C'est réellement une difficulté vaincue. 12 Exemplaires portent : *Grenoble, chez J. H. Peyronard, Imprimeur, an XIII - 1805.*

Quant à l'ouvrage lui-même, le compte avantageux qui en a été rendu dans le Magasin Encyclopédique de M. Millin, membre de l'Institut (n.º de Janvier 1806), en fait assez ressortir toute l'utilité. Il démontre incontestablement l'avantage que présente cette *Sténographie* aux Compositeurs, et plus particulièrement, la vérité des moyens que donne l'auteur pour imprimer enfin les ouvrages sur la Musique avec les caractères ordinaires de l'Imprimerie. Tel a été le but principal de M. de Lasalette, et son ouvrage suffit pour prouver la bonté de la méthode qu'il propose, puisque l'exemple s'y trouve toujours à côté du précepte.

N.º II. — *ANNALES du Département de l'Isère, Journal Administratif, Littéraire et Politique.* Petit in-f.º

CE Journal paraît trois fois par semaine; M. Peyronard en est l'imprimeur-propriétaire, et c'est lui qui en fait don à la

Bibliothèque depuis plusieurs années. Chargé moi-même de sa rédaction, je ne néglige rien pour le rendre digne de ses Lecteurs, et tout ce qui est relatif au Département de l'Isère, pour qui il est *officiel* d'après un arrêté de M. le Préfet, y trouve une place distinguée. Assez souvent on y insère des notices sur quelques particularités de l'histoire ancienne et moderne de ce département et de la province dont il faisait autrefois partie.

N.º III. — *Hesiodi Ascræi opera omnia. Ex regio Parmensi typographio.* Anno CIƆ IƆCC LXXXV, grand in-4.º grec et latin.

La réputation des éditions de M. Bodoni, de Parme, est connue de tous ceux qui se sont un peu occupés de bibliographie, et justifiée par la perfection typographique des ouvrages sortis de ses presses. Par la réunion de Parme à l'Empire, M. Bodoni est devenu citoyen français ; et ce n'est pas une de nos moindres conquêtes sur l'Italie.

Les éditions grecques de M. Bodoni sont sur-tout remarquables par la forme de ses caractères qui se rapprochent beaucoup de ceux des plus beaux manuscrits grecs; on ne trouve dans ses éditions grecques ni abréviations, ni ligatures, ni lettres unies, rien enfin de ce qui rend si difficile la lecture des classiques grecs imprimés dans les derniers siècles, sur-tout de ceux qui l'ont été en Allemagne. En France, on a fait disparaître ces difficultés dans les livres élémentaires nouvellement mis au jour, et ce soin et celui qu'ont eu des Hellénistes estimables de composer ces mêmes livres en français, faciliteront singulièrement l'étude de la plus belle des langues anciennes, de celle qui présentera à tous les âges les grands modéles dans tous les genres d'écrire. Hésiode lui-même, un des plus anciens poètes de la Grèce, peut être compté parmi eux.

L'édition de M. Bodoni contient le texte grec et la version en vers latins par *Bernardo Zamagna Ragusino*, accompagnée de notes. L'exemplaire de la Bibliothèque de Grenoble est en papier blanc, à grandes marges et d'une conservation parfaite.

N.° IV. — *CATALOGUE méthodique des Plantes du Jardin de l'École de Médecine de Strasbourg*, par D. VILLARS. Strasbourg, 1807, in-4.°

NOTRE célèbre compatriote, M. Villars, si avantageusement connu par ses ouvrages sur la Botanique, et sur-tout par le beau monument qu'il a consacré à nos Alpes végétales, remplit aujourd'hui les fonctions de Professeur de matière médicale et de botanique à l'École spéciale de Médecine de Strasbourg. Il n'a pas pour cela oublié son pays, et c'est lui qui a adressé à la Bibliothèque un exemplaire de ce *Catalogue*. Quelques-uns seulement ont été tirés in-4.°; celui de la Bibliothèque est de ce nombre : ce qui permet de le classer à la suite de l'*Histoire des Plantes de Dauphiné*, du même auteur, tirée aussi de même format.

Le *Catalogue* de M. Villars est moins un livre de Botanique qu'une méthode pour l'application de cette science à la médecine; il est destiné à faciliter aux étudians les moyens d'acquérir de l'instruction. Ils y trouveront l'indication des classes, des familles naturelles, et un apperçu des genres, des qualités et des vertus générales, utiles ou nuisibles de chaque famille.

N.° V. — *ANNUAIRE Statistique du Département de l'Isère, pour l'année* 1808. Grenoble, Allier, 1808, in-12.

CONFORMÉMENT aux ordres de S. E. le Ministre de l'Intérieur, dans chaque département de l'Empire un semblable Annuaire doit être rédigé. S'ils le sont avec tout le soin qu'exige ce travail, si les renseignemens statistiques qui y sont insérés viennent de bonne source, si une saine critique préside au choix des matériaux, on sent de quelle utilité peuvent être ces ouvrages pour constater l'état réel d'un département, et quelles ressources ils peuvent offrir pour l'histoire générale et particulière de la France. Il n'y a point de doute que cette histoire, rédigée d'après les indications fournies par des Annuaires bien faits, ne fût très-exacte et très-circonstanciée, puisque la connaissance des localités est un moyen sûr d'arriver à la vérité historique, et que ces Annuaires ne sont relatifs qu'à des objets locaux.

Tel est celui du département de l'Isère, et il n'a pas eu d'autre but depuis l'an IX, qu'il a paru pour la première fois. Celui de 1808, outre la nomenclature des Fonctionnaires publics de tout le département, contient, 1.° une Notice des curiosités d'histoire naturelle dignes de remarque qui se rencontrent sur la nouvelle route de France en Italie par Grenoble, Vizille, le Bourg-d'Oysans, le Mont-de-Lans, la Grave, le Lautaret et Briançon; 2.° une Notice sur l'état de la ville de Grenoble avant et depuis les Romains jusqu'à la fin du 4.ᵉ siècle, extraite de mes *Antiquités de Grenoble* (Grenoble, Peyronard, in-4.°); 3.° quelques Recherches historiques sur les chefs-lieux de canton de l'arrondissement de Vienne; 4.° un Mémoire sur la ville de Vienne, ses antiquités et ses manufactures; 5.° un Mémoire sur la rivière d'Isère, son cours et les ravages qu'elle cause; 6.° une Notice sur la bergerie de Mérinos de Claix; 7.° un Mémoire sur l'Engrais tiré des boues et autres immondices de la ville de Grenoble, par M. Berriat-Saint-Prix; 8.° enfin, un autre Mémoire du même auteur, sur l'Engrais tiré du produit des latrines. Cette note peut donner une idée de tout l'intérêt que présente cet Annuaire continué régulièrement chaque année. M. Allier, qui l'imprime, veut bien en donner un exemplaire à la Bibliothèque, où se trouve le recueil complet.

N.º VI. — *Mémoire sur l'Histoire naturelle de l'île de Corse, avec un Catalogue lithologique de cette île, et des réflexions sommaires sur l'existence physique de notre globe.* Par M. BARRAL, *officier d'infanterie et inspecteur-général des ponts et chaussées de Corse.* Londres et Paris, 1783, in-8.º

M. BARRAL, qui habite aux environs de Grenoble, a fait don de cet ouvrage et de celui qui est sous le n.º 7, à la Bibliothèque. L'île de Corse est si intéressante sous tous les rapports, elle est devenue si célèbre par la naissance de notre auguste Monarque à Ajacio, l'une de ses villes principales, que tout ce qui y est relatif excite un vif intérêt ; et lorsque, comme M. Barral, on l'a habitée pendant 13 ans, on a un double motif pour communiquer au public les notions qu'on y a acquises sur ses productions. Le Mémoire de M. Barral est dû aux sollicitations de ses amis ; l'auteur le lut à l'Académie des Sciences en 1782, et le desir d'en faire l'itinéraire des voyageurs qui visiteraient cette île, le décida à le faire imprimer. Son travail a irrévocablement fixé l'opinion des Savans sur les produits volcaniques de l'île de Corse, et sa collection lithologique donne les moyens d'étudier l'île sans sortir du riche cabinet que possède l'auteur, et qu'il a consacré aux Sciences, aux Arts et à l'Amitié.

N.º VII. — *Mémoire sur les Trapps et les Roches volcaniques, dans lequel on donne l'origine des Laves en boule, et des articulations des Prismes basaltiques.* Par M. BARRAL. Bastia, 1789, in-8.º

CE Mémoire a été publié dans un moment où les Naturalistes discutaient vivement sur les Trapps, leurs diverses espèces, et les causes de leur production. M. Barral n'hésita pas à en reconnaître de deux espèces, dont l'une est le produit des eaux, et l'autre celui du feu. Le grand nombre d'ouvrages publiés depuis 1789, sur les produits volcaniques, les nombreuses observations sur ce sujet faites dans toutes les parties du Monde, d'où sont nées deux opinions qui divisent les Naturalistes en *Neptuniens* et en *Vulcaniens*, n'ôtent rien à l'intérêt du Mémoire de M. Barral. Tel est l'avantage qu'offre dans tous les tems le travail d'un bon observateur.

N.º VIII. — *Rapport général sur les Travaux de la Société d'Agriculture et de Commerce de Caen.* Par P. A. Lair. Caen, 1805, in-8.º

Le nombre des Sociétés d'Agriculture est très-considérable en France, et il n'y a pas, pour ainsi dire, un département de l'Empire qui n'ait sa Société, autorisée ou non. Le Gouvernement a favorisé leur institution, et leur influence sur le perfectionnement des pratiques agricoles aurait été un bienfait inappréciable, si d'ailleurs toutes ces Sociétés avaient eu un ordre de travail invariable, et il faut le dire, si dans la plupart d'entre elles on ne trouvait pas plus d'agriculteurs de cabinet que d'agriculteurs des champs. C'est là l'origine de ces systèmes brillans dont une expérience en grand a si souvent démontré la futilité; c'est là aussi la source des petits ridicules déversés sur ces Sociétés dont le but est si utile et si philosophique. Mais depuis que des *prix de poésie* ont été mis au concours par des Sociétés d'Agriculture, le but a été perdu de vue : au lieu de s'occuper des terres, des engrais, des semis et des plantations, il a fallu parler de vers, d'héroïdes et de poëmes, et dès lors tout a été oublié, même la plupart des Sociétés d'Agriculture.

Celle de Caen se distingue par sa persévérance à marcher dans la route qu'elle s'est tracée. La Notice publiée par M. Lair, qui a bien voulu en adresser un exemplaire à la Bibliothèque, ne laisse aucun doute à cet égard. Elle est rédigée avec beaucoup de soin, beaucoup de clarté, beaucoup de précision, beaucoup enfin de tout ce qui caractérise un style parfaitement adapté au sujet. Elle est divisée en deux parties principales déterminées par la nature des travaux de la Société : *Agriculture* et *Commerce*. Un grand nombre de Mémoires sur ces deux objets y sont analysés ou indiqués. On ne saurait remplir avec plus de talent et avec plus de zèle que M. *Lair,* les fonctions de secrétaire de cette Société.

Nous regrettons que le travail de cette Compagnie sur le procédé pour rouir le chanvre, proposé par M. Bralle d'Amiens, ne soit pas terminé. Peut-être aurait-elle reconnu, comme dans le département de l'Isère, l'insuffisance de ce genre de rouissage dans les pays où la culture perfectionnée du chanvre donne à ses tiges une hauteur commune de 8 à 10 pieds.

N.° IX. — *Notices historiques lues à la Société d'Agriculture et de Commerce de Caen*, par P. A. Lair. Caen, 1807, in-8.°

Outre ses travaux habituels, la Société d'Agriculture de Caen consacre régulièrement au souvenir de ses membres décédés, une Notice relative aux Mémoires qu'ils ont lus et aux objets dont ils ont entretenu leurs confrères.

Dans la même brochure on trouve aussi des Notices sur quelques Membres vivans de la même Société ; mais elles ont pour motif des découvertes utiles ou des inventions remarquables qui les font lire avec intérêt.

Ces Notices font partie des attributions de M. Lair, en qualité de secrétaire. Elles ne pouvaient être en meilleures mains. La Bibliothèque de Grenoble doit à son attention l'envoi de l'exemplaire qui a servi à la rédaction de cette note.

N.° X. — *Les vingt-quatre livres de l'Iliade d'Homère, traduits en vers français;* par Salel et Jamyn. Paris, 1599, in-8.° — *L'Odyssée d'Homère,* de la version de Salomon Certon. Paris, 1604, in-8.°

Ces deux volumes, qui contiennent la traduction entière de l'Iliade et de l'Odyssée, ont été donnés à la Bibliothèque par un Anonyme. Ce ne sera pas pour étudier et pour connaître Homère qu'on y recourra; mais ils prouveront qu'à toutes les époques de notre littérature, on s'est occupé d'Homère. Tel est le privilége des productions du génie.

N.° XI. — *Observations sur les Traductions de Lois Romaines*, par M. Berriat-Saint-Prix. Grenoble, Peyronard, 1807, in-8.°

L'auteur examine d'abord et réfute une assertion assez étrange des Éditeurs de la Traduction du Digeste faite par feu M. Hulot, qui prétendent que l'Université de Paris s'opposa à la publication de cet ouvrage, craignant qu'elle ne rendît trop vulgaire et trop facile la science du Droit, et par conséquent n'en fît tomber l'enseignement. Il démontre qu'en supposant qu'une Traduction des Lois Romaines fût parfaite, les 19 vingtièmes des étudians n'auraient pas moins besoin du secours de bons professeurs.

Il examine, en 2.ᵉ lieu, quelles sont les qualités que doit avoir une bonne Traduction de ces Lois, et jette, en passant, un coup d'œil sur la composition et la rédaction des diverses parties du corps de droit de Justinien.

Les Traductions, publiées jusqu'à présent, réunissent-elles toutes les qualités dont il a établi la nécessité ? C'est ce qu'il recherche et discute ensuite avec beaucoup de soin et de détails, du moins quant aux Traductions, 1.° du Digeste par Hulot,

2.º des Institutes par Ferrière et le même Hulot, 3.º de plusieurs titres du Digeste par le Duc, 4.º des lois relatives aux Servitudes, par la Laure. Il rapporte un grand nombre de passages de chacune d'elles, et les conférant avec les textes originaux, il prouve jusques à l'évidence les fautes grossières dont ces ouvrages fourmillent. Il ne se borne pas même à de simples discussions ; il appuie presque toujours son opinion de celle des plus grands interprètes du Droit Romain, entre autres de Cujas et de Pottier. Enfin il indique, dans des notes, une foule d'autres passages mal traduits, qu'il n'a pas discutés pour ne pas donner trop d'étendue à son ouvrage.

Il conclut de ses recherches, qu'une Traduction des Lois Romaines offre beaucoup d'inconvéniens ; qu'en la supposant bonne, on ne doit s'en servir que comme d'un secours, et jamais comme d'un guide ; qu'elle ne peut dispenser d'apprendre la langue originale du Droit ; que l'exécution d'un tel ouvrage est hérissée de difficultés ; qu'aucun des Auteurs dont il a examiné le travail, n'est parvenu, à beaucoup près, à surmonter même une petite partie de ces difficultés ; que les jeunes Légistes doivent être infiniment réservés lorsqu'il s'agira de se servir de ces Traductions, et qu'il serait encore mieux de n'en faire aucun usage.

Plusieurs Journaux ont rendu compte de cet ouvrage utile (1), et ont observé que ceux qui ont acquis les Traductions modernes des Lois romaines, ne sauraient sur-tout s'en passer, ne fut-ce que pour vérifier les fautes nombreuses qu'il y a découvertes.

Cet ouvrage, ainsi que celui qui est sous le N.º XIII ci-après, a été donné à la Bibliothèque par l'auteur.

---

(1) Il se trouve chez J. H. Peyronard, Imprimeur à Grenoble.

N.° XII. — *Le Berger des Alpes, ou Mémoire sur la manière d'élever, de propager les bêtes à laine d'Espagne Mérinos et la race Indigène dans le Département des Hautes-Alpes;* par L. E. FAURE, *propriétaire-cultivateur à Briançon.* Paris, Fantin, 1807, an 12. — Donné par l'auteur.

PENDANT 20 ans le célèbre Daubenton s'est occupé de l'amélioration des races Indigènes de nos bêtes à laine ; pendant 20 ans il a cherché à fixer l'opinion publique sur la nécessité de les croiser avec les races pures d'Espagne, et ce n'est que depuis quelques années que ses conseils sont suivis. A peine a-t-on connu les résultats des premiers essais, que les propriétaires riches se sont empressés de se procurer des Mérinos, qui sont devenus l'objet des plus grandes spéculations et la source de profits immenses pour ceux qui s'y sont livrés. Les grands Fonctionnaires de l'État ont donné l'exemple, et dès lors les Mérinos ont été répandus dans tous les départemens de l'Empire. Mais les soins qu'ils exigent pour leur acclimatement, des craintes peut-être mal-fondées sur la possibilité d'y réussir, ont rendu leur propagation en France moins prompte ; et ceux qui, pour faciliter l'introduction de ces races précieuses dans un département, rédigent pour les bergers et les propriétaires, des instructions pour l'éducation des Mérinos, basées sur la connaissance des localités, rendent un vrai service à leur pays et à l'industrie nationale. Tel est le but de l'ouvrage de M. Faure. Il cherche sur-tout à donner à ses compatriotes un utile exemple, à déraciner les préjugés, à détruire de fausses opinions adoptées sans examen, dans les Hautes-Alpes, sur la possibilité d'y acclimater les Mérinos, de les élever et d'y conserver ces races. L'auteur atteindra sans doute ce but, puisqu'il prêche d'exemple, et que ses conseils sont une application des essais et des expériences de Daubenton, Tessier, Gilbert, etc. Il a bien voulu adresser à la Bibliothèque un exemplaire de son intéressant ouvrage.

N.º XIII. — *Cours de Procédure civile fait à l'École de Droit;* par M. BERRIAT-SAINT-PRIX, 1.ere partie, 1 vol. in-8º. Grenoble, Allier, 1808.

La première partie du Cours de l'auteur contient les Préliminaires de son enseignement, deux Traités de la Jurisdiction et des Actions, et des observations et règles générales qui s'appliquent à toute la Procédure civile ou à plusieurs de ses parties. C'est un ouvrage à-peu-près neuf; la plupart de ceux qu'on a publiés jusqu'à ce jour, n'étant que des commentaires, ou plutôt des paraphrases du Code de Procédure, où, précisément, il n'y a presque aucune règle sur la Jurisdiction et les Actions. L'auteur a été obligé de puiser celles qu'il expose, dans un grand nombre de lois et d'arrêts de cassation où elles sont éparses, ce qui a exigé un travail très-considérable. Il ne donne aucun principe sans l'appuyer d'autorités citées avec exactitude, afin d'épargner du tems aux gens de loi qui pourraient avoir besoin de les consulter. Enfin, ce qu'on ne rencontre guère dans des ouvrages du même genre, celui-ci est écrit avec correction et méthode.

N.º XIV. — *Compte rendu des Travaux de la Société d'Agriculture de Lyon, depuis le mois de décembre 1806 jusqu'au mois de septembre 1807.* Lyon, 1807, in-8.º

La Société d'Agriculture de Lyon s'occupe aussi d'Histoire naturelle et des Arts utiles. Ses attributions ne sauraient être mieux choisies par rapport à une ville toute commerçante et toute manufacturière. Cette Société ne perd pas de vue le but de son institution, et la notice de ses travaux est en même tems relative à des pratiques agricoles, à des instrumens aratoires perfectionnés, à des observations météorologiques rédigées périodiquement, à des ouvrages sur l'art vétérinaire, à des variétés d'oiseaux observées et décrites, à la gravure sur bois et sur cuivre par rapport à la botanique, aux arts mécaniques appliqués à la fabrication des étoffes de soie, enfin à divers métiers tendant à faciliter cette fabrication ou à la perfectionner. Beaucoup de Mémoires sur ces différens sujets ont été présentés à la Société; elle paraît animée d'un zèle qu'on ne saurait trop imiter. M. Mouton-Fontenille, son secrétaire, a rédigé *le Compte Rendu*, dont il a adressé un exemplaire à la Bibliothèque.

N.ºˢ XV et XVI. — *NOTICE sur les Antiquités trouvées dans la Saône à Pontailler (Côte-d'Or), pendant l'été de l'an X;* par P. X. LESCHEVIN, in-8.º — *Notice sur les Fouilles faites à Pontailler, en septembre* 1807; par P. X. LESCHEVIN. Paris, 1808, in-8.º

CES deux Notices sont dues au zèle de M. Leschevin, commissaire en chef des Poudres et Salpêtres, à Dijon, membre de l'Académie de la même ville, correspondant de celle de Grenoble, etc., connu par divers ouvrages de chimie, d'histoire naturelle, et par plusieurs Mémoires intéressans insérés dans le Magasin Encyclopédique de M. Millin. Les deux *Notices* de cet article sont de ce nombre, et elles ne pouvaient être mieux placées que dans un recueil consacré aux Sciences, aux Lettres et aux Arts, et plus particulièrement à l'Histoire, à la Littérature ancienne et aux Antiquités.

Une ancienne tradition fait du bourg de Pontailler les restes d'une ville florissante sous les Romains. Quelle fut cette ville ? M. Leschevin rapporte, à ce sujet, l'opinion de plusieurs personnes fort érudites qui croient que ce fut là l'emplacement d'*Amagetobria*, citée par César. On appuie cette opinion d'étymologies celtiques, et ce qui vaut beaucoup mieux, de considérations historiques puisées dans les rapports de César même. M. Leschevin y ajoute encore en faisant remarquer que dans ses fouilles, on a trouvé une anse de vase sur laquelle se trouvent les sigles MAGETOB., faisant partie du mot AMAGETOBRIA. Mais la certitude historique ne peut reposer sur de semblables conjectures, et le problème ne me semble pas encore résolu.

Le résultat des fouilles faites par M. Leschevin, servira cependant à éclaircir la question, et on restera toujours d'accord, que sur les bords de la Saône et près de Pontailler, les ruines d'une ville considérable existent. On y a en effet découvert beaucoup de médailles et de poteries antiques, des instrumens domestiques, plusieurs statuettes, une belle statue de Vénus en bronze, haute de près de 10 pouces, gravée et publiée dans les *Monumens Inédits* de M. Millin (tom. 2, pag. 28). M. Leschevin en a adressé deux gravures à la Bibliothèque, ainsi que ses deux Notices. La Bibliothèque lui est aussi redevable de quelques autres dons qui attestent son zèle et son désintéressement.

N.° XVII. — *Recherches sur les Maladies des Vers à soie, et les moyens de les prévenir;* par Nysten, *docteur en Médecine*. Paris, imprim. Impér., 1808, in-8.°

Une maladie connue dans le Midi sous le nom de *Muscardine*, et dans les environs de Grenoble sous celui de *Dragée* (ces deux mots ont la même acception, le premier est patois et le second français), attaque très-souvent les Vers à soie, et est un des fléaux qui désolent le plus ordinairement ces précieux insectes. Il était digne d'un Ministre protecteur des Arts, de faire rechercher les causes de cette maladie et les moyens prophylactiques et curatifs. Tel a été le motif du voyage fait dans le Midi de la France par M. Nysten, par ordre de S. E. le Ministre de l'Intérieur, et son ouvrage en est le résultat. Les expériences faites à Grenoble tendent à confirmer ceux qui ont été obtenus par l'auteur. Ses recherches ont été imprimées, et S. E. a ordonné l'envoi de plusieurs exemplaires à chaque Préfet. Celui du département de l'Isère a fait déposer à la Bibliothèque de Grenoble le volume classé dans cette Notice sous le n.° 17.

N.° XVIII. — *JOURNAL des Mines, ou Recueil des Mémoires sur l'exploitation des Mines, et sur les Sciences et les Arts qui s'y rapportent*, N.ºs 128, 129, 130, 131, 132, 133, 134, 135, in-8.°

La collection de cet utile recueil a été successivement adressée à la Bibliothèque de Grenoble, par ordre de S. E. le Ministre de l'Intérieur. On y trouve un grand nombre de mémoires sur la Minéralogie et la Docimasie, sur la Physique, la Chimie et leur application à l'exploitation des Mines de toute espèce. On y remarque des descriptions minéralogiques de plusieurs cantons et départemens. M. Héricart de Thury, ingénieur des Mines, a fait insérer dans le n.° 130 le Mémoire qu'il a lu à l'Académie de Grenoble, sur les *Exploitations immémoriales des montagnes d'Huez en Oysans, département de l'Isère*. Ses recherches offrent beaucoup d'intérêt, et ses notes, quoique conjecturales, n'en sont pas dénuées.

N.° XIX. — *ANNUAIRE présenté au Gouvernement par le Bureau des Longitudes pour l'an* 1808. Paris, imprimerie Impériale, in-18.

Ce petit volume est extrait de la *Connaissance des Tems*, que rédige également le Bureau des Longitudes et qu'il publie deux ans d'avance. L'Annuaire contient tout ce qui est utile au public. Le Calendrier sur-tout est très-complet; et quoique les levers et couchers du soleil y soient calculés pour Paris, il est facile d'en dresser des Tables propres aux villes situées par toute
autre

autre latitude, en ayant égard aux différentes déclinaisons du soleil, tant au nord qu'au midi. On trouvera, dans l'Annuaire de 1808, l'exposition du système métrique et des tables pour toute sorte de réductions comparatives. C'est à Son Excellence le Ministre de l'Intérieur que la Bibliothèque de Grenoble doit, chaque année, l'envoi de cette utile brochure.

N.° XX. — *CANTATES de Métastase, traduites en français;* par Antoine MÉTRAL. Grenoble, Peyronard, 1807, in-12.

M. MÉTRAL, avocat à Grenoble, sait allier l'étude des Lettres à celle du Droit; il fait souvent des infidélités à Cujas et à Bartole, en faveur des Muses du Tasse et de l'Arioste. Sa traduction française des Cantates de Métastase en est le résultat; et si quelquefois sa traduction est *trop fidèle*, toujours on y remarque un style animé, soutenu, pur et quelquefois élégant. C'est beaucoup pour une traduction.

N.° XXI. — *JOURNAL de Médecine, depuis* 1754 *jusqu'en* 1793. Recueil complet, formant 94 vol. in-12 reliés.

CE précieux recueil se place avec avantage parmi le grand nombre de Journaux scientifiques et littéraires que possède la Bibliothèque. Les ouvrages de ce genre doivent se trouver dans les dépôts publics. Le Journal de Médecine sera toujours consulté avec fruit, on aimera toujours à y lire les notices de ces faits particuliers dont l'histoire des maladies de l'homme offre de si fréquens exemples; et une science qui, comme la médecine, est basée sur l'expérience, ne peut qu'y gagner sous plusieurs rapports. Ce don, le plus considérable de tous ceux qui ont été faits cette année, est dû à la générosité de M. le docteur

Gagnon, l'un des plus zélés souscripteurs pour l'établissement de la Bibliothèque publique (en 1772), et l'un de ceux qui ont le plus fait pour elle.

N.° XXII. — *MÉMOIRES sur divers sujets de Médecine;* par M. LECAMUS. Paris, 1760, in-12.

Ce volume a été joint au Journal de Médecine, par M. Gagnon, et envoyé en même tems à la Bibliothèque.

N.° XXIII. — *MÉMOIRES historiques et politiques sur la république de Venise, rédigés en* 1792 *, par Léopold* CURTI; *revus, corrigés et enrichis de notes par lui-même.* Paris, Pougens, 1802, 2 vol. in-8.°

M. CURTI, qui a visité la Bibliothèque, lui a fait don de l'intéressant ouvrage dont il est l'auteur. Le gouvernement de la république de Venise a été pendant long-tems couvert d'un voile impénétrable, et sa forme, ses actes, ses relations, tout portait l'empreinte du mystère ; un silence magique repoussait toutes les questions, toutes les recherches. Mais un ancien membre de ce même gouvernement, un ancien sénateur venitien soulève aujourd'hui le coin du voile, et laisse voir à l'Europe étonnée les ressorts à la fois petits et gigantesques qui imprimaient le mouvement à ce corps problématique. M. Curti a retracé les circonstances des diverses révolutions de ce gouvernement. Son ouvrage manquait à l'histoire des Républiques ; il est assez rare en France, et c'est un vrai présent que l'auteur a fait à la Bibliothèque de Grenoble.

N.º XXIV. — *Poema parabolico diviso in morale, politico e fisico*, del Conte Jacopo Antonio SAN-VITALE. In Venezia, 1746, in-folio, doré sur tranche.

Cet ouvrage est exécuté avec luxe; chaque chant est précédé d'une belle vignette et suivi d'un cul-de-lampe, gravés avec beaucoup de soin. A la suite du titre on trouve un bon portrait de Pietro Grimani, doge de Venise, à qui ce Poème est dédié. On peut dire que son sujet est un sujet de fantaisie. C'est un traité de morale revêtu des formes poétiques et mythologiques, et où se trouvent toutes les spéculations d'une ame enthousiaste de la vertu et des qualités morales qui ennoblissent l'homme. L'auteur a mis à contribution les mythes grecs et romains, dont il a tiré des moralités qui se rapportent à son sujet. — Cet ouvrage a été donné à la Bibliothèque par M. J.-J. C.-F.

N.º XXV. — *Joannis Buteonis Delphinatis Opera geometrica*. Lugduni, 1554, in-4.º

Osmont, dans son Dictionnaire bibliographique, fait quelque cas de ce livre, et l'indique comme rare. Les divers traités qu'il contient ne présentent pas un grand intérêt, dans un siècle où les mathématiques ont fait de si grands progrès; mais l'ouvrage d'un de nos Compatriotes doit trouver, de droit, une place dans la Bibliothèque de Grenoble : celui de Buteon y est classé sous le n.º 6499 — 8. Il a été donné par M. J.-J. C.-F.

N.º XXVI. — *Essai sur la Langue et la Littérature Provençale*; par A. L. MILLIN, membre de l'Institut et de la Légion d'honneur. Paris, 1808, in-8.º

Cette intéressante dissertation contient des extraits authentiques de divers actes écrits en langue Provençale à des époques différentes bien constatées. Ils servent à faire connaître l'état de cette langue à ces époques, ses altérations successives, et son état actuel. J'ai eu l'occasion de me servir utilement de cet Essai dans mes *Recherches sur les Patois de la France*, et en particulier sur ceux du Dauphiné, que je me propose de publier incessamment ; et en comparant le Provençal du 11.ᵉ et du 12.ᵉ siècle avec la langue des Vaudois (en Piémont), d'après un manuscrit en langue vaudoise que possède la Bibliothèque de Grenoble (n.° 8564), je me suis convaincu que la France méridionale et le Piémont n'avaient dans ces tems-là qu'une seule et même langue, qui avait été commune à l'Italie et à l'Espagne. Les recherches de M. Millin, fruit de ses observations pendant son voyage dans les départemens méridionaux de la France, ne pouvaient paraître dans des circonstances plus favorables, puisque de nos jours les langues vulgaires attirent l'attention du Gouvernement et des Savans. C'est à l'auteur que la Bibliothèque est redevable de l'exemplaire qu'elle possède.

N.° XXVII. — *DISSERTATION sur l'Église octogone de Montmorillon, qu'on a cru être un Temple de Druides ;* par A. L. MILLIN, *membre de l'Institut et conservateur des Médailles à la Bibliothèque Impériale de France.* Paris, impr. Impér., 1805, in-4.°, fig.

MALGRÉ les efforts que firent les Romains pendant leur séjour dans les Gaules pour détruire jusqu'au nom de *Gaulois*, le souvenir des *Druides*, de leur philosophie et de leurs mystérieuses doctrines, semble s'attacher en France à tous les monumens, à toutes les pratiques dont l'origine ne date pas des derniers siècles. Telle était celle de l'opinion qui faisait regarder l'Église octogone de Montmorillon, en Poitou, comme un temple de ces Druides. Le savant Montfaucon avait accrédité cette opinion par une description qui fait partie de son *Antiquité expliquée*. Mais comme il décrivait un monument qu'il n'avait pas vu et d'après des dessins très-inexacts, il s'exposait à commettre de graves erreurs sur ce fait : c'est ce que prouvent la dissertation de M. Millin, et les gravures qu'il publie d'après les dessins qu'il a fait faire sous ses yeux à Montmorillon. Ce mémoire tend à démontrer que ce temple n'est qu'une église du 11.e siècle, au-dessous de laquelle se trouve une crypte ; elle a beaucoup de rapports avec l'Église de Saint-Laurent de Grenoble que j'ai fait connaître par ma *Dissertation sur un Monument souterrain existant à Grenoble* (Grenoble, Peyronard, 1803, in-4.°). Au reste, l'Église de Montmorillon a occupé beaucoup de Savans ; et M. Siauve, qui n'adopte pas sans restriction l'opinion de M. Millin, a sollicité celle des érudits sur ce monument, dans un Précis qu'il a publié à Utrecht, en 1805.

Le mémoire de M. Millin a été communiqué à l'Institut, et inséré dans le tome second des *Monumens Inédits* que publie l'auteur. Il a fait don d'un exemplaire de son mémoire à la Bibliothèque.

N.° XXVIII. — *Rapport fait à Son Excellence le Ministre de l'Intérieur sur les nouveaux développemens et l'état actuel du Sauvage de l'Aveyron;* par E. M. Itard, *docteur en Médecine*, etc. Paris, imprimerie Impériale, 1807, in-8.°

Si l'on pouvait mettre encore en problème que l'homme doit tout à la civilisation, à l'état de société et à son éducation, l'histoire du Sauvage de l'Aveyron et des développemens successifs de ses facultés, suffirait pour mettre cette opinion hors de doute. Avec quel intérêt ne suit-on pas M. Itard dans l'indication des divers moyens physiques et moraux qu'il a employés pour donner au jeune Victor la faculté de penser et de sentir, pour lui procurer une vie sociale, au lieu de la vie sauvage et toute animale qui était le résultat de son isolement absolu de tout être raisonnable! Il faut connaître l'homme comme M. Itard, il faut comme lui savoir réduire à leur plus simple expression et analyser jusqu'aux infiniment petits les idées et les sensations, pour avoir réussi à donner à un homme brute et tout physique le moyen de les exprimer. L'éducation de Victor ne peut que faire le plus grand honneur à M. Itard. Son rapport a été envoyé à la Bibliothèque par ordre de S. E. le Ministre de l'Intérieur.

N.º XXIX. — *Lettre* de A. L. Millin, *membre de l'Institut, à M. Juge de Saint-Martin, sur quelques Inscriptions nouvellement découvertes à Limoges*. Paris, 1808, in-8.º

Sept Inscriptions latines antiques, découvertes dans les fondations d'un vieux clocher de l'église de Saint-Martin à Limoges, sont le sujet de cette Lettre. Elles sont intéressantes par l'indication de quelques peuples de la Gaule, et par la mention que fait l'une d'elles du docteur Blasianus, de Bourges, professeur de grammaire et de morale à Limoges. M. Millin a jugé que ces Inscriptions appartenaient au 5.ᵉ ou au 6.ᵉ siècle de l'ère vulgaire. Il a adressé à la Bibliothèque un exemplaire de sa Lettre.

N.º XXX. — *Notice des Antiquités et des Tableaux du Musée de Lyon;* par F. Artaud, *directeur du Conservatoire des Arts et Antiquaire de la ville*. Lyon, Ballanche, 1808, in-8.º

La Notice qu'a publiée M. Artaud, et dont il a bien voulu adresser un exemplaire à la Bibliothèque, ne peut qu'être très-utile aux personnes qui fréquentent le Musée de Lyon. Elle est même d'un intérêt général par sa forme, l'auteur ayant accompagné le texte de chaque Inscription d'explications qui prouvent ses connaissances en archaeologie, et chaque tableau, d'une notice sur son sujet et son auteur. Parmi les Inscriptions romaines que M. Artaud a réunies sous les portiques de la maison de Saint-Pierre à Lyon, on remarque celle de *Sextus Ligurius*, que M. Artaud a placée en cul-de-lampe à la fin de sa description de la belle Mosaïque de M. Macors. Mais comme cette gravure contenait quelques fautes de copiste, M. Artaud les a corrigées et a bien voulu m'adresser cette nouvelle gravure rectifiée : il a senti qu'en fait de monumens antiques, tout est de rigueur dans les gravures qui en multiplient la figure.

N.º XXXI. — *Description d'un Dyptique qui renferme un Missel de la Fête des Fous, lequel est conservé dans la Bibliothèque de Sens, avec une Notice de ce Missel;* par A. L. MILLIN, membre de l'Institut, etc. Paris, imp. Impér., 1806, in-4.º

CETTE savante dissertation a été insérée dans les *Monumens Inédits* dont M. Millin a publié deux volumes in-4.º, et dont il est à désirer qu'il donne la suite. Elle a été imprimée à part, et M. Millin en a envoyé un exemplaire à la Bibliothèque.

Tout est intéressant dans cette dissertation, et le Missel de la Fête des Fous, et le Dyptique dans lequel il est renfermé. Il n'y a pas de province en France qui n'ait eu dans le tems sa Fête des Fous, et en Dauphiné elle a existé jusqu'à la fin du 16.ᵉ siècle. Il a fallu des arrêts réitérés du Parlement pour abolir l'usage de cette fête plus païenne que chrétienne, et qui rappelait tous les désordres des *Libérales* des Romains. Le Missel conservé à

Sens contient tout l'office chanté dans ces solennités, et notamment la prose de l'Ane mise en notes vulgaires par M. Roquefort, littérateur zélé et habile musicien à Paris, auteur du *Glossaire de la langue Romane* qui vient de paraître.

A la suite de cette dissertation sont deux gravures où sont figurés les deux côtés du Dyptique. Le sujet est relatif à Bacchus et aux Vendanges. Elles sont représentées sur la première feuille; elles ont lieu sous la douce influence du fils de Sémélé traîné dans un char par un Centaure et une Centauresse. Le sujet de la seconde feuille est expliqué mythologiquement par M. Millin. Mais il paraît que ce sujet indique aussi une intention astronomique. A droite, l'étoile de Vénus plane au-dessus de la terre. Diane, sortant de l'onde et symbole de la Lune, éclaire la terre de ses rayons lumineux. Plus bas, une Divinité marine élève de la main droite le *Capricorne* tel qu'on le trouve sur les zodiaques antiques, et tient de l'autre le *Cancer*, également reconnaissable à sa forme. Il est à remarquer que ces deux signes auraient été les deux points solsticiaux, dans la supposition que la position primitive du colure équinoxial passait par la tête du *Bélier* et par les pieds de la *Vierge;* ou bien, pour rapporter cette position des colures à une époque plus rapprochée de nous de 6400 ans, les deux signes que tient dans ses mains la Divinité marine auraient été, toujours dans la même supposition, les signes équinoxiaux, et la Vierge et le Bélier les signes solsticiaux. Cette position aurait eu lieu à une époque antérieure à l'ère vulgaire de 15,538 ans, dans le premier cas, et de 7048 ans seulement, dans le second. Ce Dyptique est un ouvrage romain, c'est dire qu'il n'indique qu'une époque fictive. Mais ce sujet, qui pourrait fournir matière à une plus longue note, nous a paru digne de remarque.

N.° XXXII. — *Lettre sur une nouvelle manière d'accorder les Forte - Pianos, ou plus généralement les instrumens à clavier, adressée à M. Millin, membre de l'Institut et de la Légion d'honneur;* par P. J. LASALETTE, *ancien officier-général, membre de l'Académie de Grenoble.* Paris, Goujon, 1808, in-8.°

CETTE Lettre, dont l'auteur a envoyé un exemplaire à la Bibliothèque, a été insérée dans le Magasin Encyclopédique de M. Millin. L'auteur prouve que mal-à-propos on a cru jusqu'ici qu'une quarte juste, ajoutée à une quinte juste, produisait une octave juste entre les deux sons extrêmes. L'expérience a démontré le contraire ; et pour éviter les inconvéniens qui en résultent dans l'accord des Forte - Pianos, M. de Lasalette propose d'user, pour les accorder, d'un circuit de douze quartes, d'où résulte une plus grande facilité. Cette manière ne laisse rien d'ailleurs à l'arbitraire de l'oreille. J'ai assisté, au mois d'avril dernier, à l'épreuve de la méthode proposée par M. de Lasalette, faite par MM. Binthem, facteur, et Roquefort, professeur de Piano à Paris, et le résultat a complètement justifié les assertions de l'auteur de la Lettre. Il l'avait adressée à la 4.e Classe de l'Institut, et M. Lebreton, son secrétaire perpétuel, s'est exprimé ainsi dans le compte rendu des Travaux de cette classe en séance publique :

« En rendant justice à l'instruction de l'auteur, et en reconnaissant que les inconvéniens auxquels il voudrait remédier existent, la section de musique a pensé que les moyens proposés auraient eux - mêmes des désavantages réels ; qu'ils ne pouvaient point atteindre positivement le but désirable. »

Voici un extrait de quelques notes insérées à ce sujet dans le n.° 126 des Annales du département de l'Isère :

« A l'égard de l'application de cette méthode à l'accord, cette question était assez délicate pour engager la Classe des beaux-arts à motiver son jugement; et puisque, d'un côté, elle avoue que les inconvéniens que l'auteur a signalés existent, et que de l'autre, des expériences rigoureuses faites à Paris par MM. *Roquefort* et *Binthem*, l'un professeur et l'autre facteur de pianos, prouvent la bonté et l'exactitude de la méthode d'accorder proposée par M. de Lasalette, il nous semble qu'une réticence sur cet objet, de la part de la 4.ᵉ Classe, laisse toujours la question en litige; et elle n'entend pas sûrement que ce soit ici le cas du *dixit magister*. Nous n'étendrons pas plus loin ces réflexions; elles ont été dictées par l'impartialité, et nous laissons à l'auteur le soin de défendre sa cause et de la porter au tribunal suprême, celui des gens éclairés de toutes les nations, le seul qui soit juge compétent en matière d'art et de science. »

N.º XXXIII. — *CONJECTURES sur un Camée allégorique relatif à l'histoire d'Angleterre;* par A. L. MILLIN, *membre de l'Institut*, etc., in-8.º

M. MILLIN conjecture que le sujet de cette belle sardonyx, qui appartient au Cabinet Impérial, représente le Lion des Stuarts, arrachant la barbe à leur plus redoutable ennemi, Guillaume III, prince de Nassau, proclamé roi à la place de Jacques II. On voit au revers le signe révéré du patron de l'Angleterre, Saint-Michel terrassant le Dragon, avec cette devise: *Honni soit qui mal y pense!*

La réserve avec laquelle M. Millin explique ce Camée, m'autorise à hasarder une conjecture. Ce sujet est en effet relatif à l'histoire d'Angleterre; mais peut-être est-il postérieur à la fuite du roi Jacques II en France (1688), et même à l'élévation de Guillaume III, prince d'Orange et duc de Nassau, à la couronne d'Angleterre (1689). Le lion était constamment, à cette époque, le signe héraldique de la Hollande; beaucoup de médailles satyriques parurent au sujet de la guerre entre cette république et l'Angleterre; et comme les secours de la Hollande donnèrent un nouveau roi à la Grande-Bretagne, le sujet de ce Camée pourrait retracer ce fait historique, et dans ce cas il faudrait y voir le roi Guillaume, représenté par le Lion hollandais, arrachant la barbe *ou faisant la barbe* au roi Jacques dépouillé de ses États, et figuré par un homme presque nu. Au revers est St.-Michel, le signe sacré de l'Angleterre adopté par Guillaume devenu roi, avec la devise de l'ordre de la Jarretière, *Honni soit qui mal y pense !* Cette même devise et ce même Lion hollandais se trouvent réunis sur plusieurs médailles du roi Guillaume, notamment sur celle qui fut frappée à l'époque de son élévation au trône, et sur celle qui est relative à son couronnement, qui eut lieu le 11 août 1689. Sur une médaille de Guillaume II, frappée en 1650, on voit au revers les armes du prince où sont quatre lions, avec cette devise, *Honni soit qui mal y pense;* le prince est décoré de l'ordre de Saint-Georges. Les lions et la devise du Camée du Cabinet Impérial ne sont donc pas étrangers aux princes d'Orange; et si l'explication que je hasarde a quelque probabilité, ce Camée aurait été gravé immédiatement après l'avénement de Guillaume, c'est-à-dire, en janvier 1689. Les deux médailles que j'ai citées sont de la même année, et sont gravées dans le *Supplément à l'histoire Métallique de la république de Hollande*, planches 72, 115, 119 et 120.

N.° XXXIV. — *Discours sur les Jouissances des Gens de Lettres ;* par M. Berriat-Saint-Prix. Grenoble, Peyronard, in-8.°

Ce Discours a été prononcé à la séance publique de l'Académie de Grenoble, du 20 avril mil huit cent sept, présidée par M. Berriat-Saint-Prix. Son Discours, dont il a remis un exemplaire à la Bibliothèque, a pour but principal de faire connaître les Jouissances particulières à l'Homme de Lettres dans l'état de société, et de détruire les fausses assertions de *Pierius Valerianus, de Tollius* et *de Barberius* ses commentateurs, qui ont avancé que la carrière des Lettres n'offre à ceux qui s'y livrent que des peines, la misère et le ridicule. Il est facile de réfuter ces auteurs mélancoliques, en rappelant les faveurs accordées aux Gens de Lettres dans les siècles de Periclès, d'Auguste, de Charlemagne, de Richelieu, de Louis XIV, et dans celui qui vient de finir. Le Discours de M. Berriat-Saint-Prix est propre à convaincre les lecteurs par la manière dont le sujet est traité.

N.º XXXV. — *Journal de l'École Polytechnique, publié par le Conseil d'Instruction de cet établissement*. Paris, imprimerie Impériale, 1808, in-4.º, tom. VII.ᵉ

C'est le Conseil de l'École qui a envoyé ce 7.ᵉ volume à la Bibliothèque, qui en possède le recueil complet. Ceux qui l'ont étudié en connaissent toute l'importance : c'est une réunion de mémoires précieux sur les diverses branches des sciences physiques et mathématiques. Parmi ceux qui font partie de ce volume, on distingue celui de M. Joseph Montgolfier, notre compatriote, membre de l'Institut, *sur la possibilité de substituer le Bélier hydraulique à l'ancienne machine de Marly*. Ce volume est accompagné du Supplément aux Leçons sur le calcul des Fonctions, données en l'an 7 à l'École Polytechnique par M. Lagrange.

N.º XXXVI. — *La Lyre du jeune Apollon, ou la Muse naissante du petit Beauchasteau*. Paris, 1657, in-4.º, avec portraits.

Les pièces de vers en tout genre qui composent ce recueil sont un phénomène, si elles ont réellement pour auteur un enfant à peine parvenu à son adolescence. La Bibliothèque possédait déjà un exemplaire de cet ouvrage curieux et rare; mais il y a des différences entre ces deux exemplaires, et le même sonnet ne se trouve pas toujours adressé à la même personne dans les deux volumes. Des noms imprimés ont été rapportés quelquefois sur l'un des deux; cette singularité rend ces deux livres curieux à comparer. C'est une raison pour les conserver l'un et l'autre.

N.° XXXVII. — *Pausanias, ou Voyage historique de la Grèce*, traduit par Gedoyn. Paris, Didot, 1731, 2 vol. in-4.°, avec cartes et gravures.

L'ouvrage de Pausanias est si connu, que toute analyse et tout éloge seraient superflus. L'abbé Gedoyn rendit un vrai service aux Lettres, à l'Histoire et aux Arts, lorsqu'il le traduisit en français; et quoique sa traduction ait un peu vieilli, quoique les études dont la Grèce a été récemment le sujet nous aient fourni le moyen d'expliquer des passages de l'auteur grec qui, jusques-là, avaient résisté à la plus saine critique, cette traduction sera toujours consultée avec fruit, soit que l'on puisse lire le texte grec, soit qu'on entreprenne une nouvelle traduction, soit enfin qu'on ne veuille pas prendre la peine de recourir à l'original.

N.° XXXVIII. — *Histoire des Plantes du Dauphiné;* par Villars. Grenoble, 1786, 87 et 89, 3 vol. in-8.°, fig.

Cet ouvrage a fait la réputation de notre célèbre compatriote Villars, et a marqué son rang parmi les Savans qui ont fait de la Botanique le sujet continuel de leurs occupations. Les Alpes présentent un vaste champ aux recherches de ce genre ; la nature y est aussi riche que variée, et dans le même jour on peut y étudier les climats les plus opposés et leurs productions phytologiques les plus caractéristiques. Sous la plume de M. Villars, les horreurs des Alpes, leurs glaciers et leurs antres inhabités, tout, jusqu'à l'aridité de leurs cimes sinistres, prend un aspect intéressant; tout attache, même les souvenirs qu'elles rappellent.

Ces trois derniers ouvrages ont été donnés à la Bibliothèque par M. Ch. Y. Bonnefoy, ancien avocat, résidant à Grenoble.

N.° XXXIX. — *Théorie générale des Équations algébriques*, par M. Bézout. Paris, Pierres, 1779, in-4.°

Les ouvrages de Bézout sont d'un usage journalier dans l'étude des diverses parties des mathématiques. Sa théorie des Équations algébriques n'est pas un des moins importans parmi ceux qui sont dûs à cet auteur; lorsque cette théorie parut, elle fut regardée comme le plus savant des ouvrages publiés par les Analystes jusqu'alors. M. Lagrange, par son *Traité de la résolution des Équations numériques de tous les degrés*, a beaucoup ajouté au travail de Bézout; mais peut-être cette théorie n'est-elle pas encore définitivement fixée.

Le volume de Bézout a été donné à la Bibliothèque par M. R. M.

N.° XL. — *Le Chef-d'Œuvre d'un Inconnu, poëme heureusement découvert et mis au jour, avec des remarques savantes et recherchées;* par M. le docteur Chrysostôme Mathanasius, neuvième édition publiée par P. X. Leschevin. Paris, 1807, 2 vol. in-12.

L'éditeur, M. Leschevin, correspondant de l'Académie de Grenoble, a envoyé à la Bibliothèque un exemplaire de cette neuvième édition de l'ouvrage de M. de Saint-Hyacinthe qui, sous le nom de Chrysostôme Mathanasius, D. Q. S. M. D. L. L. (*docteur qui se moque de la littérature*), composa deux volumes de commentaires en langues anciennes, et modernes, sur un prétendu poème en 40 lignes (car ce ne sont pas des vers), qui ne serait pas digne de la Bibliothèque Bleue. C'était la meilleure critique que l'on pût faire de ces savans ennuyeusement érudits, qui, remontant à tout propos aux œufs de Léda, ou au commencement du Monde, vous rapportent gravement les moindres circonstances qui ont quelque rapport, quelqu'indirect qu'il soit d'ailleurs, avec un passage qu'il leur plaît de commenter sans nécessité comme sans raison pour l'éclaircir, mais le plus souvent pour l'obscurcir par leurs *illustrations*. Ce travers littéraire était très-commun dans le 17.e siècle et dans la première moitié du 18e. Il n'existe pas de nos jours, et l'on doit dire que le nombre des personnes qui se livrent à la philologie est trop peu considérable pour qu'on doive en redouter les excès. Au reste, *le Chef-d'Œuvre d'un Inconnu* sera dans tous les tems un excellent antidote à cette manie. Cette neuvième édition est augmentée de l'Anti-Mathanase, d'une Notice sur la vie et les ouvrages de M. de Saint-Hyacinthe, et de notes très-utiles pour l'explication de diverses allusions relatives à des événemens des derniers siècles.

N.º XLI. — *Histoire naturelle de la Montagne de Saint-Pierre de Maestricht;* par B. Faujas-Saint-Fond, *administrateur et professeur de Géologie au Museum national d'Histoire naturelle de Paris*. Paris, Jansen, an 7, in-folio.

Cet important ouvrage, accompagné de 54 gravures très-soignées, a été imprimé avec beaucoup de soin, et la partie typographique répond à l'importance du sujet. M. Faujas l'a traité avec toute la supériorité que lui donnent les connaissances profondes en Géologie qu'il a acquises par ses longues observations. La Montagne de Saint-Pierre de Maestricht était digne d'un tel observateur, et le beau volume compris sous ce numéro en a été le résultat. M. Faujas, qui n'a pas oublié que Grenoble est l'ancienne capitale de sa patrie, a fait don à la Bibliothèque d'un exemplaire de ce bel ouvrage.

N.º XLII. — *Essai de Géologie, ou Mémoires pour servir à l'Histoire naturelle du Globe;* par B. Faujas-Saint-Fond, *professeur de Géologie au Museum d'Histoire naturelle,* etc. Paris, Patris, 1803, tom. I.er, in-8.º, figures.

Les dépouilles d'animaux marins et d'animaux terrestres, connues sous le nom de *Fossiles*, sont devenues depuis quelques années le sujet des méditations des Savans du premier ordre. Les belles découvertes de Cuvier font époque dans l'histoire des Sciences naturelles, et les travaux de M. le professeur Faujas ont beaucoup contribué à établir la théorie de la science à laquelle on a donné le nom de *Géologie*. Chargé de la professer au Museum d'Histoire naturelle à Paris, ce premier volume est le développement des principes consignés dans son Cours; un grand nombre de gravures représentent les objets les plus intéressans décrits dans ce Cours. Le second volume de cet important ouvrage, qui répond à la réputation de son auteur, est imprimé. C'est une nouvelle preuve du zèle actif de M. Faujas pour l'avancement de la science à laquelle il a consacré sa vie.

La Bibliothèque lui est redevable du volume compris sous le n.º 42, et M. Faujas a bien voulu lui promettre de compléter cet ouvrage par l'envoi du second volume.

N.º XLIII.

N.º XLIII. — TABLE *analytique et raisonnée des Lois, Arrêtés, Décrets impériaux, Circulaires, Instructions, Réglemens, etc., les plus essentiels à consulter sur tout ce qui intéresse la Composition et l'Administration de la Force publique;* par H. BERRIAT, *quartier-maître-trésorier du 4.ᵉ Régiment d'Artillerie à pied.* Alexandrie, 1808, in-4.º

LE Journal militaire est un recueil très-complet de tout ce qui est relatif à la composition et à l'administration de la force publique ; mais il est difficile de s'en servir, et souvent une disposition réglementaire sur un objet, se trouve rapportée ou modifiée par une autre dont on ne soupçonne pas l'existence. Le travail de M. Berriat a pour but de guider les personnes qui ont de semblables recherches à faire, et son ouvrage fait connaître l'état de la Législation militaire au 1.ᵉʳ janvier 1808. Ce travail ne peut manquer d'être utile, et l'on doit quelques éloges à un jeune officier qui consacre les loisirs de son état à son instruction et à celle des personnes attachées à l'Administration militaire. M. Berriat a fait don d'un exemplaire de sa *Table Analytique* à la Bibliothèque de Grenoble, sa patrie.

N.º XLIV. — GÉOGRAPHIE *de Strabon, traduite du grec en français*, tom. Iᵉʳ. Paris, imprimerie Impériale, 1805, in-4.º avec cartes.

SON Excellence le Ministre de l'Intérieur a adressé à la Bibliothèque de Grenoble ce premier volume de la Géographie de Strabon.

Il est inutile de faire remarquer l'importance de cet ouvrage;

mais nous devons dire que la Bibliothèque de la ville de Grenoble doit l'exemplaire qu'elle possède, à l'attention bienveillante de Son Excellence, qui a libéralement ajouté un excellent ouvrage de plus au grand nombre des bons classiques en tout genre réunis à la Bibliothèque. La traduction française de Strabon se placera avec avantage à la suite des diverses éditions grecques et latines du même géographe déposées dans la Bibliothèque de Grenoble, entre autres celle de *Paris, imprim. Royale*, 1620, grecque et latine, in-folio, et celle de *Genève, Vignon*, 1587, grecque et latine, in-folio, qui est aussi supérieure à la première, pour la correction du texte et l'intégrité des notes de Casaubon, qu'elle lui est inférieure sous le rapport typographique.

La traduction française de Strabon a été ordonnée par S. M. L'Empereur et Roi, et ceux qui connaissent la masse de faits historiques et géographiques que renferme cet ouvrage, l'un des plus importans que le tems ait conservés, peuvent pressentir toute l'importance de cette entreprise, digne d'un Gouvernement éclairé qui veut rendre vulgaire cette source de connaissances utiles.

Plusieurs Savans recommandables ont été désignés par S. Ex. le Ministre de l'intérieur pour remplir ce vœu de S. M. M. *de Laporte du Theil* et M. *Coray* ont traduit le texte et l'ont accompagné de notes grammaticales et critiques. M. *Gossellin* leur en a aussi fourni beaucoup.

Il ne s'est pas borné à des notes, et il a concouru d'une manière bien utile à compléter la traduction française de Strabon, par des observations préliminaires qui servent d'introduction à l'ouvrage. Ce sont des dissertations dignes du nom de leur auteur, sur la manière de considérer et d'évaluer les anciens stades itinéraires; sur les erreurs que le faux emploi de ces mesures a répandues sur le système géographique des Grecs ; sur le moyen de ramener ce système à son exactitude primitive. Ces dissertations sont suivies de 16 tableaux pour la réduction des stades en degrés, en lieues marines, en toises, en myriamètres, en milles romains, etc., et d'observations sur les différentes roses des vents des Anciens. Ces dissertations ont ensemble 118 pages.

Parmi les résultats les plus utiles du travail de M. Gossellin, on remarquera la certitude qu'il a acquise que dans le système des longitudes dont Ératosthène s'est servi, on ne trouve entre les rapports des Grecs et les observations des modernes qu'une différence de 14 minutes 54 secondes dans la distance du *Cap sacré de l'Ibérie* (le Cap St-Vincent) *à Thinœ* (Tana-Sérim sur la côte occidentale du royaume de Siam), ce qui fait à-peu-près 4 lieues sur 1722 qu'on compte d'un de ces deux points à l'autre. Une semblable exactitude a lieu d'étonner; et en reconnaissant que du tems d'Ératosthène, les Grecs n'avaient que des notions très-incertaines sur l'Europe occidentale et sur les parties orientales de l'Inde, il faut adopter les conjectures de M. Gossellin, qui présume qu'Ératosthène s'est servi d'une ancienne carte appartenant à une géographie astronomique très-perfectionnée. Il croit même cette carte originaire de Tyr ou de Babylone, et qu'elle est due aux peuples qui, 3700 ans avant l'ère vulgaire et à l'époque des ravages des Scythes en Asie, occupaient le pays que nous savons avoir été celui des Tyriens et des Babyloniens. M. Gossellin est conduit à cette opinion, en observant que les longitudes sont calculées dans cette carte en stades de 833 et un tiers au degré sous l'équateur, stades qui, sous le parallèle de 32 d. 51 m. 40 s., latitude de Tyr et de Babylone, se trouvent être des stades de 700 justes au degré, les mêmes dont l'usage a été presque universel parmi les astronomes, les géographes et les voyageurs anciens. Il était naturel que les habitans de ces villes, en construisant des cartes pour leur usage, se servissent d'un stade qui divisât en nombre rond le degré de longitude pris vers la hauteur des lieux qu'ils occupaient. Au reste, l'époque de ces grands travaux est inconnue : au tems d'Alexandre il n'en existait qu'une tradition vague, et les annales de Tyr et de Babylone n'ont rien fourni aux Grecs à ce sujet.

Cette Note donne une idée de l'importance du travail de M. Gosselin et de ses dissertations.

La traduction française les suit immédiatement. Ce volume contient les trois premiers livres, accompagnés des cinq cartes suivantes, dressées par M. Gosselin :

1.º Système géographique d'Ératosthène;

2.º Système géographique d'Hipparque;

3.º Mer intérieure selon Polybe;

4.º Hémisphère septentrional selon Strabon;

5.º Système géographique de Strabon.

La continuation de cet important ouvrage est sous presse, à l'imprimerie Impériale; il sera vraisemblablement suivi d'un volume de prolégomènes historiques, astronomiques, mythologiques, etc. Ce sera un heureux complément de cette belle entreprise, et nos Concitoyens jouiront de tous ses avantages, puisqu'un Ministre protecteur des lettres leur en fournit les moyens, en plaçant sous leurs mains et dans un dépôt qui leur est ouvert, les volumes qui en sont le résultat.

N.º XLV. — *Mémoire sur la nature, les propriétés et les usages des Eaux thermales de Saint-Laurent, département de l'Ardèche;* par Reynaud, *médecin de l'armée d'Italie, ci-devant Intendant desdites Eaux.* Privas, Agard, 1808, in-4.º

Les nombreuses observations rapportées par l'auteur du Mémoire, tendent à prouver que les Eaux de Saint-Laurent doivent être classées parmi les remèdes actifs, énergiques et efficaces contre les rhumatismes et autres affections morbifiques. Ce Mémoire a été imprimé par ordre de M. le Préfet du département de l'Ardèche.

N.º XLVI. — *Architecture civile; Maisons de ville et de campagne de toutes formes et de tous genres, projetées pour être construites sur des terrains de différentes grandeurs, etc.;* par L. A. Dubut, de Paris, *architecte et pensionnaire de l'École française à Rome.* Paris, Eberhart, 1803, grand in-folio.

L'architecture civile a peu exercé les talens des Architectes auteurs. Il semble que ce sujet ait été dédaigné par eux, et qu'ils aient cru que leur nom passerait plus sûrement à la postérité, s'ils l'attachaient à un projet de monument public ou d'habitation des Rois ; et cependant l'Architecture civile est d'une utilité plus générale : aussi peut-on dire, avec assurance, que M. Dubut a rendu un vrai service au public en lui présentant un recueil de projets de Maisons variées, qui peuvent servir à déterminer un propriétaire dans son choix, ou donner aux Artistes des motifs de composition.

Cet ouvrage, très-bien gravé, ne pouvait être mieux placé que dans un dépôt public : M. Fourier, préfet du département de l'Isère, en a fait présent à la Bibliothèque.

N.º XLVII. — *Explication du Tableau des hauteurs principales du Globe terrestre;* par M. de Mechel, in-4.º

M. Chretien de Mechel a publié, depuis peu de tems, deux tableaux qui indiquent les différentes hauteurs des *Montagnes* de la *Terre*, de la *Lune*, de *Vénus* et de *Mercure*. MM. de Humboldt, de Saussure, Ramond, de Buch, Trallès, Schroter et Bode ont contribué à cet intéressant ouvrage.

Le premier, sous le titre de *Tableau des Hauteurs principales du Globe*, a été envoyé à l'Académie de Grenoble par M. Bayle fils, pendant son séjour en Prusse. Ce tableau est déposé à la Bibliothèque de la ville, ainsi que le cahier in-4.º qui contient le texte explicatif.

Les hauteurs des montagnes du globe terrestre sont disposées sur ce tableau dans un ordre qui rend la comparaison très-facile. Une même couleur désigne toutes les montagnes de la même contrée; ainsi les différens pics des Alpes (considérées comme formant la chaîne centrale de l'Europe) sont coloriés en gris, et l'élévation de chacun de ces pics au-dessus du niveau de la mer est indiquée en toises de France. Mais on n'a réuni dans ce tableau que les montagnes qui font suite à la chaîne centrale primitive, et on n'a cité des montagnes calcaires parallèles aux primitives (pour les Alpes) que *la Tournette* près Annecy (1178 toises), et *le Mont-Vergy*, près les Sallenches en Savoie (1173 toises).

La montagne la plus élevée du tableau est *le Chimborazo*, dans la province de Quito en Amérique, dont la hauteur est de 3357 toises, d'après les calculs de MM. de Humboldt, Bonpland et Montufar, qui ont parcouru cette montagne jusques à la hauteur de 3052 toises qu'ils ont atteinte le 23 juin 1802.

A la droite du tableau on a indiqué, par un trait, la hauteur du Münster de Strasbourg à 73 toises, et à gauche celle de la grande pyramide de Djyzeh, dite de Chéops, également à 73 toises ou 458 pieds, ce qui approche beaucoup des 448 pieds trouvés par M. Grosbert, en additionnant la mesure de chacune des diverses assises de la pyramide.

Un petit globe aérostatique désigne, au milieu du tableau, la hauteur de 3600 toises à laquelle M. Gay-Lussac s'est élevé en ballon à Paris le 16 septembre 1804. Cette ascension mémorable offre la plus grande hauteur à laquelle un homme est parvenu à la surface du globe, et elle a fourni des résultats précieux sur les lois du magnétisme, sur le décroissement du calorique, et sur la connaissance chimique de l'atmosphère.

Le tableau est terminé, à droite, par une échelle barométrique qui indique la pression de l'air atmosphérique, exprimée par la hauteur d'une colonne de mercure, et qui explique les effets extraordinaires qu'éprouvent ceux qui s'élèvent au-dessus de 2400 toises. A gauche, deux traits placés sur une échelle, désignent les élévations auxquelles la neige ne fond jamais, tant dans nos climats que sous l'équateur.

Cet ouvrage, qui manquait aux sciences physiques, est digne d'attirer l'attention du physicien et du géologue. On peut le consulter à la Bibliothèque de la ville.

N.º XLVIII. — *Connaissance des Tems ou des Mouvemens célestes pour l'an* 1809; par le Bureau des Longitudes. Paris, imprim. Impériale, 1807, in-8.º

Cet important ouvrage, dont la Bibliothèque possède le recueil, est un de ceux qu'elle doit à la bienveillance de S. E. le Ministre de l'intérieur. Le Bureau des Longitudes publie régulièrement cet ouvrage, deux ans d'avance, pour l'usage des astronomes et de la marine. La partie qu'on appelle *Additions* et qui se sépare, si l'on veut, de la *Connaissance des Tems* proprement dite, contient des articles très-importans, et entre autres, des observations chinoises inédites et les plus anciennes qui aient été transmises avec assez de soin pour servir de base à des calculs exacts. M. de Laplace en a déduit des solstices qui paraissent beaucoup plus certains que ceux d'Hipparque et de Ptolémée, et desquels il semble résulter que la longueur moyenne de l'année est un peu moindre que ne le supposent les nouvelles tables. Cet ouvrage, qui contient beaucoup de tableaux et de calculs, est imprimé avec un soin particulier à l'imprimerie Impériale.

MANUSCRITS.

N.° XLIX. — M. DE BELMONT, dont le père fut un des souscripteurs pour l'acquisition et la fondation de la Bibliothèque, lui a remis en don une liasse de papiers originaux relatifs au siège et à la prise de la ville de Grenoble, par FRANÇOIS DE BONNE, duc de LESDIGUIÈRES, qui s'en empara pour les Réformés, en 1590. Ces pièces sont très-intéressantes pour l'histoire de Grenoble, et leur dépôt à la Bibliothèque l'enrichit d'un recueil très-précieux pour le département de l'Isère. En voici la notice :

1.° Nomination par le Parlement de Grenoble des députés chargés de traiter avec ceux qui avaient été nommés par Lesdiguières (16 Décembre).

2.° Passe-port envoyé aux députés du Parlement par Lesdiguières (17 Décembre).

3.° Instruction du Parlement à ses députés chargés du traité (même jour).

4.° Proposition de continuer la conférence faite par les députés de Lesdiguières à ceux de la ville (18 Décembre).

5.° Projet de capitulation présenté par les députés de Lesdiguières (même jour).

6.° Réponse des députés de la ville (même jour).

7.° Cessation des hostilités convenue le 19 décembre pour un jour, et continuée par promesse verbale de Lesdiguières.

8.° Ultimatum de la ville (20 Décembre).

9.° Ultimatum des *Commis* du pays (même jour).

10.° Arrêt du Parlement confirmant ces conclusions (même jour).

11.° Conclusions de la ville (21 Décembre).

12.° Deux arrêts du Parlement adhérant à ces conclusions (même jour).

13.° Lettre du Parlement à ses députés (22 Décembre).

14.° Traité pour la reddition de la ville à Lesdiguières, conclu entre les députés des deux partis (22 Décembre 1590).

A ces pièces sont jointes trois autres liasses de pièces originales contenant :

N.º L. — Plusieurs Traités faits en Languedoc par le duc de Montmorency en 1590 et 1593.

N.º LI. — Plusieurs pièces relatives aux Traités conclus entre le Parlement de Grenoble et le colonel Alfonso d'Ornano, à Saint-Marcellin et à Vienne, en 1589.

N.º LII. — Plusieurs pièces relatives aux Négociations entamées entre la ville de Grenoble et Lesdiguières, à Montbonnot, en février 1590.

N.º LIII. — HISTORIA *Allobrogum, ab* AYMARO RIVALLIO *Delphinate, Domino Rivallieriæ, Bluniaci et Loci-Dei nec non christianissimi Regis consiliarii et militis, redacta;* anno MDXXXII, in-folio.

LE manuscrit original a été successivement dans la bibliothèque de Colbert, sous le n.º 1607, et dans la bibliothèque du Roi, n.º 8394 — 22; il est aujourd'hui à la Bibliothèque Impériale, sous le n.º 6014. La Bibliothèque de Grenoble en possède une copie qui a été faite à Paris en 1808, sous les yeux de M. de Laporte-Dutheil, l'un des Conservateurs des Manuscrits de la Bibliothèque Impériale.

L'ouvrage de Durivail est très-précieux pour l'histoire de notre pays. Quoique ses assertions soient quelquefois dénuées de fondement, quoiqu'il remonte (comme tous les historiens de son tems en avaient la manie) jusqu'au commencement du monde, et qu'il nous donne l'histoire des Allobroges depuis les enfans de Noé jusqu'à François I.er, son travail n'est pas moins intéressant, et je me propose de le faire connaître dans une notice analytique.

La copie que possède la Bibliothèque est d'une belle main et très-correcte : les additions et les renvois qui sont en marge de l'original, sont placés dans le texte de la copie; et quoiqu'elle ait été achetée, je la place sous ce numéro, pour compléter l'article des Manuscrits.

ANTIQUITÉS.

N.° LIV. — Petite Urne en argile, remplie d'os calcinés.

Cette petite Urne, qui n'a rien de particulier dans sa forme, a été trouvée à Saint-Georges, canton de Vizille (Isère).

N.° LV. — Fragment d'une Statue égyptienne, en basalte noir.

Ce Fragment est très-intéressant et fait vivement regretter la perte de la Statue. Une figure à genoux et assise sur ses talons, à-peu-près dans la même pose que celle qui est gravée dans Caylus (Recueil d'Antiquités), tome 5, planche XIX, n.° 1, tient dans ses mains une de ces figures en gaîne si communes dans les sujets égyptiens. Celle-ci a une tête humaine à oreilles de chat, très-saillantes et bien caractérisées. Au-dessus de la tête, couverte d'un voile uni qui descend plus bas que les épaules, se trouvent plusieurs hiéroglyphes d'une belle proportion; il y en a un petit cadre sur la poitrine de cette figure. Ce qu'elle a de plus singulier, ce sont les oreilles de chat à une tête humaine, que je n'ai vues que sur la tête du soleil qui se trouve dans un des angles du zodiaque rectangulaire de Denderah. Cette circonstance donne beaucoup de prix au Fragment que je décris et qui indique une statue de trois pieds de proportion. La forme parfaite des hiéroglyphes indique qu'elle est du beau tems de la sculpture égyptienne.

N.° LVI. — Statuette en basalte vert.

C'est un fétiche indien. Le travail grossier indique l'enfance de l'art. Les bras, les mains, les jambes et les pieds ne sont indiqués que par des traits. A chaque oreille, indiquée aussi par des traits, pendait un ornement dont il ne reste que la place. *Hauteur de la Statuette*, 7 pouces.

N.º LVII. — Buste en bronze de 3 pouces de hauteur.

La tête de ce bronze, qui représente un faune aux longues oreilles, est ouverte en-dessus. Il reste sur le derrière une partie d'une charnière qui indique un couvercle, et sur les deux côtés, les traces de deux anneaux qui servaient à fixer une anse pour porter ce Buste ; il nous paraît avoir été un vase. Un manteau, ou tout autre ornement, est jeté sur l'épaule gauche. Venuti, (*Collectanea Antiquitatum, planche* 24.) en rapporte un parfaitement semblable ; son explication paraît assez plausible pour regarder ce morceau comme un vase qui servait aux usages sacrés chez les Romains.

Celui de la Bibliothèque de Grenoble est assez bien conservé. Il a été trouvé à Aoste (Isère) en 1806.

Ces quatre morceaux d'antiquités ont été donnés à la Bibliothèque par M. Jay, conservateur du Musée de Grenoble.

N.º LVIII. — Plusieurs Fragmens d'un pavé en Mosaïque,

composés de cubes irréguliers d'un centimètre chacun et disposés soit en damier à carreaux noirs et blancs de 7 centimètres, soit en lignes parallèles blanches et noires. Les premières sont larges de 15 centimètres, et les secondes de 6 seulement. La substance des cubes blancs et des noirs est une chaux carbonatée.

N.º LIX. — Plusieurs Tuyaux de Fontaine, en argile rouge

de forme semi-elliptique, ayant 46 centimètres de longueur, 13 de largeur à la base, et 15 de hauteur. Le vide a 8 centimètres de hauteur sur 10 de largeur. Ces tuyaux s'emboîtent régulièrement les uns dans les autres de 4 centimètres. Ils servaient à conduire des eaux dans des bassins construits en forme de trèfle, avec un béton composé de tuiles brisées, de chaux et de cendres, sans aucun revêtement extérieur.

N.º LX. — Briques creuses ayant 36 centimètres de longueur sur 15 de largeur et 6 d'épaisseur. Le vide a 4 centimètres de hauteur sur 13 de largeur. Des diagonales croisées ornent la surface de la brique, et deux trous carrés, pratiqués vers le milieu de sa longueur, se correspondent sur ses deux cotés.

N.º LXI. — Une Lampe domestique, en argile rouge, sans ornement, ayant au-dessous cette inscription : APRIO F.

Des travaux entrepris dans la maison de campagne de M. *Trembley*, à la Tronche, village situé à un demi-kilomètre nord-est de Grenoble, sur la rive droite de l'Isère, ont mis à découvert les morceaux d'antiquités que nous venons d'indiquer.

Ces divers objets ont été envoyés par M. TREMBLEY au Cabinet des Antiques de la Bibliothèque de Grenoble.

Le champ dans lequel ils ont été trouvés renferme, sur une grande étendue, des débris de constructions romaines qui ont été fouillées dans des tems reculés. Le site et la nature des décombres indiquent que le tout a appartenu à une *villa* romaine. Le village de la Tronche a dû être dans tous les tems, comme de nos jours, une réunion d'agréables maisons de campagne.

CARTES.

N.º LXII. — *GALLIA antiqua ex Œvi Romani Monumentis eruta*, Auctore D'ANVILLE, M DCC LX.

CETTE Carte, qui manquait à l'exemplaire de la *Notice de la Gaule* de Danville que possède la Bibliothèque, lui a été donnée par M.ʳ M. Le nom de d'Anville la recommande assez sous le rapport de l'exactitude. On peut cependant observer que les diverses époques des divisions géographiques des Gaules n'y sont point distinguées, et que d'Anville s'est arrêté à celle qui partage cette contrée en 17 provinces ; et cette même division fut la dernière que firent les Romains, peut-être aussi celle qui subsista le moins de tems : pourquoi donc négliger celles qui avaient eu lieu sous Auguste et sous plusieurs autres Empereurs, et confondre ainsi les tems et les lieux? Nous espérons que cette Note ne nous fera pas accuser de manquer à la mémoire de l'illustre géographe dont la France s'honore.

N.° LXIII. — *Carte de la France et du royaume d'Italie divisés en Départemens;* par Mentelle et Chanlaire. Paris, 1808, 4 feuilles.

N.° LXIV. — *Carte d'Espagne et de Portugal;* par Mentelle et Chanlaire. Paris, 1808, 9 feuilles.

Les circonstances actuelles rendaient l'acquisition de ces deux Cartes indispensable.

HISTOIRE NATURELLE.

N.° LXV. — Stalactite de 6 pieds et demi de hauteur et de 10 pouces de diamètre dans sa partie la plus grosse, de forme régulière et agréable. Ce morceau d'un volume extraordinaire, a été tiré de la superbe grotte de Marcilhac, département du Lot; et donné à la Bibliothèque par M. J.-J. C.-F.

N.° LXVI. — Un Grand-Duc mâle, tué dans la commune d'Entraigues, arrondissement de Grenoble, envoyé à la Bibliothèque par M. Blanc, juge de paix du canton d'Entraigues.

ACQUISITIONS.

Des fonds sont destinés annuellement à des acquisitions. Outre le Manuscrit et les Cartes qui ont été précédemment indiqués, les fonds de la Bibliothèque ont servi à l'achat des objets désignés ci-après :

I. LIVRES.

1.° *Leçons d'Architecture*, par J. N. L. Durand. Paris, 1802, 2 vol. in-4°.

2.° *Magasin Encyclopédique*, ou Journal des Sciences, des Lettres et des Arts, rédigé par A. L. Millin, numéros d'Août, Septembre, Octobre, Novembre et Décembre 1807. (La collection complète de ce recueil scientifique existe à la Bibliothèque.)

3.° *Le Cultivateur Anglais*, ou Œuvres choisies d'Agriculture et d'Economie rurale et politique, d'Arthur Young. Paris 1801, 18 vol. in-8.°, avec planches.

4.° *L'Art de composer des Pierres Factices aussi dures que le caillou, et Recherches sur la Manière de bâtir des Anciens*, etc., par M. Fleuret. Paris, 1807, 2 vol. in-4.°, dont un de planches.

5.° *Recherches sur la Nature et les Lois de l'Imagination*, par Ch. V. Bonstetten. Genève, 1807, 2 vol. in-8°.

6.° *De la Ligue Anséatique*, par P. H. Mallet. Genève, 1805, in-8°.

7.° *Annuaire Météorologique pour 1808*, par M. Lamark. Paris, 1808, in-8°.

8.° *Catalogue des Manuscrits Samskrits de la Bibliothèque Impériale*, par MM. Hamilton et Langlès. Paris, 1807, in-8°.

9.° *Institutiones Calculi differentialis*, autore Leonardo Eulero. Ticini, 1807, 2 vol. in-4°.

10.° *Recueil général des Historiens des Gaules*, tomes 13, 14 et 15, par M. Brial, membre de l'Institut. Paris, Imprimerie

Impériale, 3 vol. in-f°. (Ils complètent l'exemplaire de la Bibliothèque).

11.º *Dictionnaire Bibliographique du 15.ᵉ Siècle*, par M. de la Serna-Sant-Ander. Bruxelles, 1808, 3 vol. in-8°.

12.º *Voyage dans les Alpes*, par Saussure; tomes 2, 3 et 4. Neufchâtel, etc., in-4°. (Ces 3 vol. manquaient à la Bibliothèque).

13.º *Nouveaux Élémens de la science de l'Homme*; par Barthès. Paris, Goujon, 1807, 2 vol. in-8°.

14.º *Voyage dans les Départemens du midi de la France*, par A. L. Millin. Paris, imprimerie Impériale, 1808, in-8.°, 3 vol., avec atlas (le 4.ᵐᵉ est sous presse).

15.º *Soirées Littéraires*, par Desessart. Paris, 1800, 7 vol. in-8°.

16.º *Notice de la Gaule*, par d'Anville. Paris, 1760, in-4.° (avec la carte des Gaules).

17.º *Journal historique de la Campagne de Velétri, et Mémoires sur la guerre d'Italie*, par Castrucio Bonamici, avec la traduction française en regard du texte latin. In-4°.

18.º *Recueil des Pièces du Théâtre des Variétés Étrangères de Paris*. 1807, 2 vol. in-8°.

19.º *La Chasse*, poëme d'Oppien, traduit du grec en français par Belin de Ballu. Paris, 1787, in-8°.

20.º *Éloge de la ville de Moukden* et de ses environs, poëme par l'Empereur *Kien-Long*, traduit du chinois par le père Amiot, et publié par Deguignes. Paris, 1802, in-8°.

21.º *Antiquités poëtiques, ou Dissertation sur les Poëtes cycliques et sur la Poësie rythmique*; par Bouchard. Paris, an 7, in-8°.

22.º Collection complète de l'*Almanach des Muses*, depuis 1785 jusqu'à 1808, 24 vol. in-12.

23.º *Supplément au Recueil des Lettres de Voltaire*. Paris, 1808, 2 vol. in-8°.

24.º *Table analytique et raisonnée des Matières contenues*

dans les 70 volumes des Œuvres de Voltaire, par Chantreau. Paris, 1801, 2 vol. in-8°.

25.° *Lettres de Clément à Voltaire.* Paris, 1773, 5 vol. in-8°.

26.° *Vie et Pontificat de Léon X*, par William Roscoe; traduit de l'Anglais par F. Henry. Paris, 1808, 4 vol. in-8.°, figures.

27.° *I dieci libri d'ell Architettura di M. Vitruvio*, tradutti da Barbaro Eletto. *Venegia*, Marcolini, 1556, grand-in-f°.

28.° *Éclaircissemens géogrophiques sur la Carte de l'Inde*, par d'Anville. Paris, imprimerie Royale, 1753, in-4°.

29.° *Libanii Sophistæ operum tomus secundus*, græcè et latinè. *Parisiis*, Morellus, 1627, in-folio. (Ce second volume, publié 21 ans après le premier, manquait à la Bibliothèque).

30.° *Præ-Adamitæ*. 1651, in-12.

31.° *Voyage de l'abbé Sestini en Grèce.* Paris, 1789, in-8°.

32.° *Hermès, ou Recherches philosophiques sur la Grammaire Universelle*, traduit de l'anglais de Harris par Thurot. Paris, an IV, in-8°.

33.° *L'Expédition des Argonautes*, traduite du grec d'*Apollonius de Rhodes*, par Gaussin. Paris, an V, in-8°.

34.° *Heliogabale, ou Esquisse de la Dissolution romaine sous les Empereurs.* Paris, 1802, in-8°.

35.° *Description des Cols et Passages des Alpes*, par Bourrit. Genève, 1803, 2 vol. in-8°.

36.° *Artemidorus, Græcè. Venetiis.* Aldus, 1518, in-12.

37.° *Histoire des Plantes de la Guiane Française*, par M. Fusée-Aublet. Londres et Paris, F. Didot, 1775, 3 vol. in-4.°, dont un de planches.

38.° *La Statique des Végétaux et l'Analyse de l'Air*, par Hales; ouvrage traduit de l'anglais par M. de Buffon. Paris, Debure, 1735, in-4.°, figures.

39.° *Erucarum Ortus, alimentum et paradoxa Métamorphosis*, autore M. Sib. Meriam. *Amstelodami*, Ooosterwyk, in-4.°, figures.

40°.

40.° *C. Linnæi Entomologia*, curante et augente C. DE VILLERS. Lugduni, 1789, 4 vol. in-8.°, figures.

41.° *Ejusdem Linnæi Genera Plantarum. Viennæ*, Trattnern, 1767, in-8°.

42.° *Nomenclator Botanicus gallicè, anglicè, germanicè, suecicè, danicè*. Copenhagen, Von Heineck, 1769, in-8°.

43.° *Ejusdem Linnæi Fauna Suecica*. Stockolmiæ, 1746, in-8°.

44.° *Revue générale des Écrits de Linné*, traduite de l'anglais de Pultney, par MILLIN. Londres et Paris, Buisson, 1789, 2 vol. in-8°.

45.° *Crantz, Institutiones rei herbariæ. Viennæ*, Kravs, 1766, 2 vol. in-8°.

46.° *Gottfried Reyger, tentamen Floræ Gedanensis. Dantisci*, Wedel, 1764 et 1766, 2 vol. in-8°.

47.° *Gorter, Flora Belgica. Trajecti ad Rhenum;* Paddenbury, 1767, *cum supplemento*, in-8°.

48.° *Kramer, Vegetabilia et Animalia Austriæ. Viennæ*, Trattnern, 1756, in-8°.

49.° *Adriani Van-Royen, Floræ Leydensis Prodromus. Lugduni Batavorum*, Luchtmans, 1740, in-8°.

50.° *Descriptiones Plantarum ex capite bonæ spei, digessit Jonas Bergius. Stockolmiæ*, Salvius, 1767, in-8.°, figures.

51.° *Wulff, Flora Borussica. Lipsiæ*, 1765, in-8.°, figures.

52.° *Leonardus Rauwolffus, Flora Orientalis, edente Gronovio. Lugduni Batavorum*, Groot, 1755, in-8°.

53.° *Flora Fridrichsdalina. Argentorati*, Baver, 1767, in-8.°, figures.

54.° *N. J. Jacquin, Enumeratio Plantarum quas in insulis Caribaeis detexit. Lugduni Batavorum*, Haak, 1760, in-8°.

55.° *J. Ant. Scopoli Flora Carniolica. Viennæ*, Krauss, 1772, 2 vol. in-8.°, figures.

56.° *Histoire des Plantes Suisses*, par DE HALLER. Berne, 1791, 2 vol. in-8°.

57.º *Essai sur l'Influence des Croisades*, ouvrage qui a partagé le prix proposé par la 3.me Classe de l'Institut; par A. H. L. Hééren, *professeur à l'Université de Goettingue;* traduit de l'allemand par Charles Villers. Paris, Treuttel et Wurtz, 1808, in-8º.

58.º *Coup-d'Œil sur les Universités et le Mode d'Instruction publique de l'Allemagne protestante*, par Ch. Villers. Cassel, imprimerie Royale, 1808, in-8º.

59.º *Catalogue des Livres de la Bibliothèque de M. de la Serna Santander*, avec des notes bibliographiques et littéraires. Bruxelles, 1803, 5 vol. in-8º.

60.º *Dictionnaire grec-français*, par M. Quenon. Paris, Collin, 1807, petit in-4º.

61.º *Lettres à Sophie sur l'Histoire*, par Fabre-d'Olivet. Paris, 1801, 2 vol. in-8º.

62.º *Nouveaux Mélanges sur différens sujets contenant des Essais dramatiques, philosophiques et littéraires;* par M. Dubois-Fontanelle. Bouillon, 1781, 3 vol. in-8.º, augmentés de notes et corrections manuscrites de l'auteur.

63.º *Les Fastes ou les Usages de l'année, poëme en seize chants;* par Le Mierre. Paris, 1791, in-8º.

II. RELIURE.

Plus de 500 volumes, dont la plupart sont in-folio et in-4.º, ont été reliés dans l'année 1808. Cette opération se poursuit en raison des besoins de la Bibliothèque. Depuis long-tems on n'avait pu y destiner des fonds.

III. JOURNAUX.

La Bibliothèque est abonnée, 1.º au *Magasin Encyclopédique* rédigé par M. Millin, ouvrage dont la Bibliothèque possède le recueil complet qui est consacré aux Sciences, aux Lettres, et particulièrement à la Littérature ancienne et à l'Archaeologie;

2.º Au *Mercure de France*, plus spécialement destiné à la Littérature;

3.º Enfin, au *Moniteur*, qui satisfait également sous le rapport de la Politique et de l'Étude.

Ces trois abonnemens prouvent que l'Administration de la Bibliothèque ne néglige rien pour y réunir l'agréable à l'utile.

IV. ZOOLOGIE.

On a réuni au Cabinet d'Histoire Naturelle quelques quadrupèdes empaillés et de petit volume; ce sont :

1.º Un lièvre blanc;
2.º Une marmotte;
3.º Une loutre;
4.º Un blaireau;
5.º Un furet putois.

V. ORNITHOLOGIE.

Il existait une collection d'oiseaux empaillés, due au zèle de M. l'abbé Ducros, ancien Bibliothécaire. Le tems et diverses circonstances l'avaient détériorée, et il était indispensable de la renouveler en partie.

Cent trente-huit oiseaux préparés ont été achetés; ils ont servi à augmenter la collection déjà existante, et à remplacer les individus qui étaient endommagés. Voici la nomenclature de ceux dont on a fait l'acquisition :

1.º *Oiseaux de proie*. Aigle commun, buse, cresserelle, pie-grièche.

2.º *Pies* ou *Corbeaux*. Corbine ou corneille noire, corneille mantelée, choucas, pie, geai, pic-vert, épeiche ou pic-varié, sitelle ou torche-pot, martin-pêcheur, grimpereau.

3.° *Les oies.* Oie, canard sauvage, canard domestique, chipeau ou ridenne, pilet ou canard à longue queue; millouin, le petit mérillac, la grande sarcelle, la petite sarcelle, variété de la petite sarcelle, sarcelle d'été, castagneux.

4.° *Oiseaux de rivage.* Héron commun, butor, courlis, bécasse, barge rouge, petite bécassine, chevalier rayé, grive d'eau, vanneau, morelle, poule d'eau, râle d'eau.

5.° *Gallinacées.* Coq africain, coq ordinaire cornu, poule, poule frisée, poule couveuse, perdrix grise, variété de la même, bartavelle, perdrix rouge, caille.

6.° *Petits oiseaux.* Pigeon domestique, pigeon pattu, biset, alouette, et deux variétés; lulu ou alouette huppée, étourneau, draine, litorne, manouins, et une variété; merle, et une variété; gros-bec, verdier, ortolan de roseaux, bruant, et une variété; pinson, pinson des Ardennes, serin, friquet, soulcie, traquet, grisette, roussette, troglodite, roitelet, grosse mésange, mésange à longue queue, mésange huppée.

7.° On a fait l'acquisition d'un carton ayant la forme d'un volume in-f.°, et contenant un recueil d'oiseaux arrangés en *St.-Esprit.* Cette manière de les disposer est très-convenable pour les voyageurs naturalistes, puisque la dépouille des oiseaux peut, au moyen de quelques préparations, être ensuite empaillée sans rien perdre de sa forme; mais elle ne convient pas à un établissement public, où tout doit être disposé d'une manière facile pour l'étude. Quatre de ces oiseaux en Saint-Esprit sont encadrés sous verre, et placés à l'entrée du Cabinet d'Histoire Naturelle.

VI. ENTOMOLOGIE.

M. JULLIEN, professeur de Botanique à Grenoble, a recueilli les insectes des environs de cette ville; il les a mis en ordre dans quatre cadres, sous verre, qui ont été placés dans le Cabinet d'Histoire Naturelle.

1.er Cadre contenant les Coléoptères, au nombre de 73 individus.

2.e Cadre contenant la suite des Coléoptères, au nombre de 11; les Hémiptères, au nombre de 21; les Tétraptères à ailes nues, au nombre de 32; les Diptères, au nombre de 22. Total, 98 individus.

3.e Cadre contenant les Tétraptères à ailes farineuses, au nombre de 26.

4.e Cadre contenant les Demoiselles aquatiques (faisant partie des Tétraptères à ailes nues), au nombre de 18.

VII. MINÉRALOGIE.

Divers morceaux de Minéralogie, indigènes ou étrangers, ont été acquis pour le Cabinet, et ont servi à augmenter sa riche collection. Voici une indication des principales substances :

Quartz arénacé agglutiné; Quartz agate pyromaque; Quartz résinite opalin; Laves vitreuses pumicées; Marbre coquillé contenant des vis; Fragment d'un chapiteau de colonne, de grande proportion, en Lave grisâtre; Écume de mer des Allemands; Quartz violet; Diallage; Épidote; Quartz agate calcédoine onyx; Quartz hyalin limpide, groupe considérable de cristaux prismatiques; Amphigène; Talc laminaire; Argile schisteuse; Macle prismatique; Lépidolithe; Quartz rose de Sibérie; Phonolithe de la Souabe; Igloïte de Hongrie; Hyalite, Mézotype, etc., etc.

VIII. SOUSCRIPTIONS.

1.° La Bibliothèque a souscrit pour le magnifique *Voyage de MM. de Humbolt* et *Bonpland*, et a reçu toutes les livraisons qui ont paru jusqu'à ce jour. Il est à désirer qu'on mette à l'avenir plus d'ordre et de régularité dans leur envoi, et même dans l'impression des matières, pour qu'on puisse espérer de voir compléter une partie avant que d'en commencer dix autres qui sont ou d'un format différent, ou dont le texte est écrit en latin, tandis que tout l'ouvrage doit être imprimé en français. Le desir que nous manifestons ici est celui de beaucoup de Souscripteurs, et à Paris même nous en avons entendu plusieurs se plaindre de ce désordre.

2.º Le Conseil municipal de la ville, secondant le zèle éclairé de M. le Maire pour la Bibliothèque, a voté, dans son budget de 1809, une somme de *quinze cents francs* pour servir à un à-compte pour l'achat de l'ouvrage que la *Commission d'Egypte* doit publier par ordre de S. M. L'EMPEREUR ET ROI; ouvrage que les chefs-d'œuvre de tous les Arts appelés à concourir à sa composition, rendront immortel comme le Héros qui en a conquis le sujet sur les Barbares. On sait d'ailleurs tout ce qu'on doit attendre des talens réunis des personnes chargées de sa rédaction. Nos Compatriotes ont plus d'un motif pour désirer de le voir déposé dans un établissement consacré à leur instruction : ils savent que plusieurs des Mémoires les plus importans de cet ouvrage, qui rappelle tant d'intéressans souvenirs, sont rédigés pour ainsi dire sous leurs yeux, et par le premier Magistrat du département de l'Isère.

TRAVAUX INTÉRIEURS.

1. SCULPTURE.

Bustes des Dauphins.

Ces bustes des princes qui, sous le nom de Dauphin, gouvernèrent le Dauphiné avant la cession de cette province à la France (1343), ont été placés dans le vestibule de la Bibliothèque qui a été disposé pour les recevoir. Ils sont attachés aux murs sur lesquels ils sont en saillie, et un cartouche incrusté au-dessous de chaque buste, indique le nom du Dauphin qu'il représente.

Ces bustes étaient autrefois au palais de Justice, qui avait été le palais des Dauphins, comme le prouve un acte de 1315. Pendant la révolution, ils avaient été enlevés, ainsi que les statues de Charlemagne et de Louis XI qui décoraient la façade de ce palais. Ils ont été réunis et restaurés, et leur conservation est assurée. Ils sont pour le département de l'Isère un monument d'autant plus important qu'il est unique ; j'en donnerai ailleurs une description circonstanciée qui fera connaître le travail, la matière, les divers ornemens et l'époque de ces bustes au nombre de neuf. Ils nous retracent les portraits des princes qui, d'après l'opinion la plus généralement adoptée, portèrent seuls le nom de Dauphin. Ce sont :

1.º GUIGUES III.
MARGUERITE DE BOURGOGNE. } têtes conjuguées.
2.º GUIGUES IV.
3.º ANDRÉ DE BOURGOGNE.
4.º GUIGUES V.
5.º JEAN I.
6.º HUMBERT I.
7.º JEAN II.
BÉATRIX DE HONGRIE. } têtes conjuguées.
8.º GUIGUES VI.
9.º HUMBERT II.

2. SALON DES MODÈLES ET MACHINES.

L'ancien Salon de Lecture pour l'hiver a été destiné à recevoir les divers Modèles et Machines qui existaient dans l'ancien dépôt. Il a été en conséquence réparé et disposé d'une manière convenable. On y a réuni plusieurs modèles relatifs à la Mécanique et aux Arts. On y voit aussi quelques instrumens de physique, tels qu'une machine électrique, etc.

3. SALLE DE L'ACADÉMIE DE GRENOBLE.

L'Académie Delphinale qui avait été instituée en 1789, et qui était chargée de l'administration de la Bibliothèque, avait une salle pour ses séances dans les bâtimens qui en dépendent. M. le Maire de Grenoble, membre de l'Académie, a rendu cette salle à sa primitive destination, après l'avoir fait décorer d'une manière convenable. L'Académie s'est empressée d'y ajouter l'ornement le plus convenable à ce local, c'est-à-dire les portraits des Grands-Hommes de la province, célèbres dans les Sciences, les Lettres ou les Arts. Elle a fait faire ces portraits d'après des originaux ou des monumens authentiques, et sur un modèle uniforme. Ces portraits sont au nombre de dix, savoir : Mably, Condillac, Vaucanson, Valbonnais, Expilly, Mounier, Bourcet, Dolomieux, Madame de Tencin ; celui de Bayard y a été ajouté. Il manque ceux de Gentil-Bernard, Chorier, Boissieux, et quelques autres que l'Académie y réunira.

On voit dans la même salle, qui sert aussi de Cabinet de Lecture pour l'hiver, deux grandes Marines, tableaux originaux de Viviani, donnés à l'Académie par M. de Vidaud-d'Anthon, l'un de ses membres, et ancien associé de l'Académie royale de Peinture.

4. CABINET D'HISTOIRE NATURELLE.

1.º Le Cabinet d'Histoire Naturelle, l'un des plus riches qui existent, soit en produits des Alpes, soit en produits indigènes et étrangers, a été augmenté de plusieurs Armoires, et la collection des oiseaux a été entièrement refondue, au moyen de ceux qui ont été achetés de M. Mouton-Fontenille de Lyon, indiqués à la page 51 de cette Notice.

TRAVAUX BIBLIOGRAPHIQUES.

1.º Les Archives de la Bibliothèque, où sont déposés tous les titres relatifs à son établissement, ont été mises en ordre : un inventaire a été fait, et les pièces qui étaient proprement des papiers académiques provenant de l'ancienne Académie Delphinale, ont été séparés et ont reçu une autre destination.

2.º On a continué, cette année, le choix des livres parmi ceux qui ont été réunis à la Bibliothèque à diverses époques depuis son établissement, et le classement de ceux qui ont été destinés à être conservés, soit comme manquant à la Bibliothèque, soit comme étant d'une édition qu'elle ne possède pas, si d'ailleurs l'ouvrage est de quelque importance, ou est noté sous quelque rapport bibliographique. Tous les ouvrages incorporés reçoivent un numéro *bis*, *ter*, *quater*, etc., selon le rang de leur inscription au Catalogue qui, rédigé pour l'ancien fonds de Caulet, n'a qu'une seule série de numéros de 1 à 21,200 ; de sorte qu'il n'y a presque pas d'ancien numéro qui ne soit double. On se propose de refondre la classe désignée sous le titre de *Sciences et Arts* par *Debure*, dont on adopta le système bibliographique lorsque le catalogue fut fait, parce qu'il est impossible de classer convenablement dans cette section, telle qu'elle est divisée, les ouvrages de Sciences et d'Arts qui paraissent de nos jours, et qui laissent si loin derrière eux les anciens systèmes, les anciennes doctrines qui n'étaient avouées ni par l'analyse ni par l'expérience.

3.º On a continué la réunion des manuscrits dans le même local, pour en faire une *Salle des Manuscrits*, leur nombre étant assez considérable pour cela, et l'importance de quelques-uns autorisant cette distinction, qui est dans les principes d'une bonne classification bibliographique. Il existe une Notice sommaire des Manuscrits réunis, en attendant que le catalogue raisonné soit rédigé.

4.º Quoiqu'il existe un bon catalogue en 13 volumes in-folio, où sont inscrits tous les livres de la Bibliothèque par ordre de matières d'après *Debure*, on a commencé un catalogue alphabétique par nom d'auteurs. Les Anonymes inconnus y sont classés d'après le titre de l'ouvrage. Cette opération est très-utile pour faciliter les recherches et pour faire acquérir à un bibliothécaire la parfaite connaissance du dépôt qui lui est confié, en faisant passer souvent sous ses yeux l'indication des objets qui le composent. Ce classement alphabétique, qui se fait au moyen de cartes uniformes imprimées pour cet usage, a été poussé jusqu'au n.º 2000 inclusivement. Il sera continué sans interruption.

5.º Les Journaux Littéraires dont la Bibliothèque possède les volumineux recueils, tels que *l'Année Littéraire*, *le Journal Encyclopédique*, *la Décade et la Revue*, *le Magasin Encyclopédique*, ont été vérifiés, classés par année, renfermés, selon l'ordre de leur division, dans des cartons, et étiquetés.

6.º On a profité des dernières vacances d'automne pour collationner le Catalogue de la Bibliothèque. L'inventaire en a été fait jusqu'au n.º 8650.

7.º D'après un arrêté de M. le Maire, personne ne pouvant entrer dans la Bibliothèque et dans les Cabinets en dépendant, durant les vacances qui ont lieu le Mardi et le Dimanche de chaque semaine et depuis le premier Septembre jusqu'au premier Novembre de chaque année, sans une permission expresse du Bibliothécaire, on a en conséquence fait imprimer des cartes sur lesquelles on indique le nombre des personnes qui peuvent être admises. Ces cartes sont délivrées par le Bibliothécaire, signées par lui, et marquées au timbre de la Bibliothèque.

Nota. Les personnes qui auraient des Livres ou autres Objets à envoyer à la Bibliothèque de Grenoble, peuvent les remettre à Paris chez M. J.-F. CHAMPOLLION, Élève Orientaliste, rue de l'Echelle-Saint-Honoré, n.º 8.

www.ingramcontent.com/pod-product-compliance
Lightning Source LLC
LaVergne TN
LVHW021736080426
835510LV00010B/1274